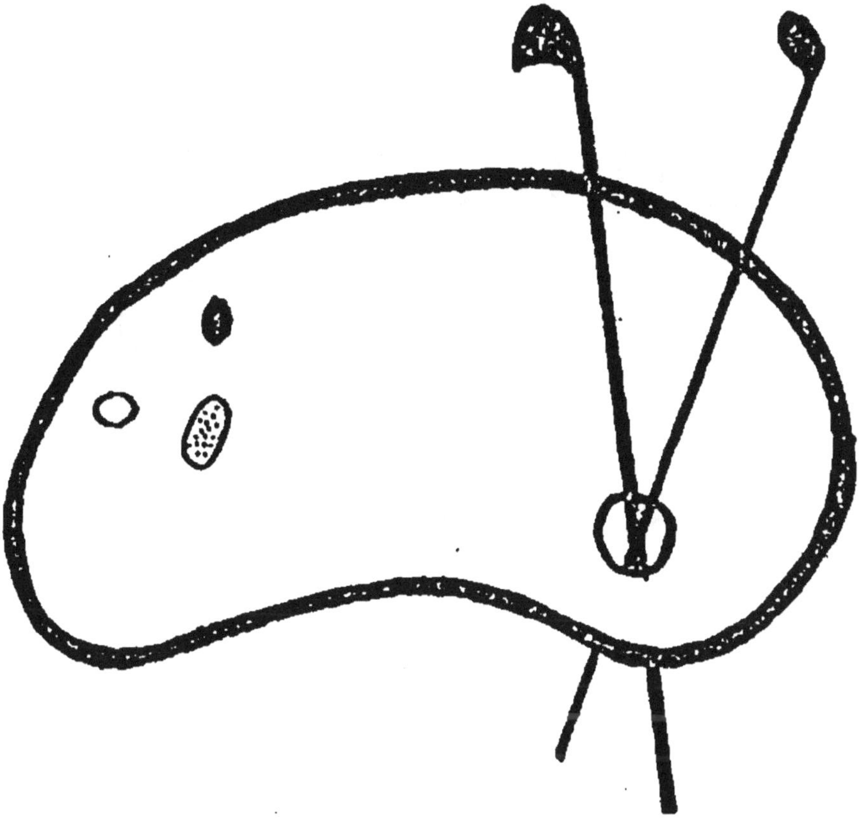

COUVERTURE SUPERIEURE ET INFERIEURE
EN COULEUR

NOTICE HISTORIQUE

SUR

CEMBOING

ET SUR

LA CONFRÉRIE DE L'IMMACULÉE CONCEPTION,

PAR M. L'ABBÉ JACQUEL,

CURÉ DE CEMBOING

BESANÇON,
IMPRIMERIE ET LITHOGRAPHIE DE J. JACQUIN,
Grande-Rue, 14, à la Vieille-Intendance.

1866.

NOTICE HISTORIQUE

SUR CEMBOING.

NOTICE HISTORIQUE

SUR

CEMBOING

ET SUR

LA CONFRÉRIE DE L'IMMACULÉE CONCEPTION,

PAR M. L'ABBÉ JACQUEL,

CURÉ DE CEMBOING.

BESANÇON,

IMPRIMERIE ET LITHOGRAPHIE DE J. JACQUIN,

Grande-Rue, 14, à la Vieille-Intendance.

1866.

PRÉFACE.

Dans beaucoup d'endroits, on découvre de temps en temps des monuments antiques utiles à l'histoire du pays; chaque localité a ses traditions; il n'est pas de commune où il ne se soit passé des faits intéressants pour ses habitants. S'ils ne sont pas recueillis et conservés, ces monuments se détériorent et périssent par incurie, ces traditions se perdent, ces faits s'oublient. C'est pourquoi il serait à désirer que dans chaque village, ou au moins dans chaque canton, quelqu'un se chargeât de les rechercher, de les étudier et de mettre en notes le fruit de ses recherches et de ses études; celui qui se chargerait de cette tâche y trouverait une véritable jouissance et rendrait service au pays. Déjà il s'est formé, dans un grand nombre de départements, des comités historiques, archéologiques, géologiques, pour recueillir les vestiges des temps passés, qui sont les vrais éléments de l'histoire. De leur côté, les évêques engagent les curés à tenir un registre des principaux événements de leurs paroisses et des découvertes qu'on pourrait y faire.

Mu par ces motifs et encouragé par quelques confrères qui ont fait des recherches historiques, je me suis occupé d'une notice sur le village de Cemboing; j'ai été beaucoup aidé par M. Chatelet, curé de Betaucourt, et M. Morey, curé de

Baudoncourt; ils m'ont fourni sur Cemboing des documents précieux, qu'ils ont trouvés dans des chartes et des manuscrits déposés aux bibliothèques de Besançon, de Dijon, de Vesoul et chez des particuliers. Qu'ils en reçoivent ici le témoignage de ma reconnaissance ! J'ai parcouru les Histoires de Dunod, de Gollut, de Richard, les Recès des états de Bourgogne, la Guerre de dix ans, les Mémoires historiques sur les guerres du XVIe siècle, les ouvrages de M. Edouard Clerc sur la Franche-Comté, les Annuaires de la Haute-Saône et de la Haute-Marne, les archives de M. Levain, de la mairie et de la paroisse de Cemboing, de Jussey, et quelques manuscrits ; j'ai consulté les traditions et interrogé les vieillards qui vivaient il y a quarante ans.

C'est sur ces documents que j'ai écrit

cette notice historique sur Cemboing. Cependant il ne faut pas s'attendre à y trouver des faits importants pour l'histoire de notre province. Cemboing n'a point eu de château fort où soient nés *moult hauts et puissants seigneurs,* ni de siége à soutenir dans le moyen âge, ni d'abbaye où aient vécu de savants ou de saints religieux ; il n'a pas donné le jour à des hommes qui se soient distingués dans quelque carrière ou dans les emplois publics. D'ailleurs, je me suis borné à ce qui regarde la localité ; je ne me suis écarté de cette règle que pour l'intelligence du récit. Mais j'ai rapporté tous les petits événements qui s'y sont passés et qui m'ont paru certains d'après les documents que j'ai eus entre les mains et auxquels je renvoie. Quelque peu importants qu'ils soient, ils ne sont pas dénués d'intérêt pour les habitants, ni peut-être pour ceux des villages voisins; ils confirment les faits, usages et traditions du pays.

J'ai fait précéder cette notice d'une introduction où j'ai mis ce qui n'aurait pu entrer dans le cours du récit sans en couper le fil; c'est pour le même motif que j'ai placé au bas des pages quelques notes qui m'ont paru intéressantes.

J'ai divisé mon travail en trois parties : les temps féodaux, l'affranchissement de la commune, et enfin son émancipation.

Dans la première partie, je n'ai eu à parler que de chartes, de donations, de religieux, des seigneurs et des curés de Cemboing. Pendant les temps féodaux, le château, le couvent, l'église, formaient, en quelque sorte, la communauté; les seigneurs, les religieux, les curés, en étaient l'âme, la vie. Cet état de choses a duré à Cemboing jusque vers la fin du xv° siècle.

La seconde partie renferme une période de trois siècles. Dans cet espace de temps, la commune fut affranchie, se forma, se gouverna et soutint ses droits contre les seigneurs, qui, néanmoins, conservèrent beaucoup d'influence; mais elle resta unie à la religion; il n'y avait qu'une seule communauté civile et religieuse; une union intime existait entre l'ordre religieux et l'ordre civil, qui semblaient ne faire qu'un. C'est en cela que consiste la véritable vie de la commune, comme la vie de l'homme consiste dans l'union de son corps et de son âme.

Dans la troisième partie, on voit la commune émancipée et séparée de la religion; la paroisse n'est plus que secondaire; le château et le couvent ne figurent que pour mémoire, et le curé est relégué dans son église. L'administration communale perd l'initiative et obéit à l'action uniforme de l'administration départementale. Le récit des événements n'est plus guère alors qu'une chronique dont les premiers éléments se retrouvent dans les budgets communaux et dans les registres des délibérations des conseils municipaux.

C'est pour ce motif, et d'ailleurs pour éviter toute appréciation qui semblerait personnelle, que je finis cette notice en 1826, époque de mon entrée dans la paroisse de Cemboing. Cependant je ferai un petit journal de tous les faits qui se sont passés depuis cette époque jusqu'à ce jour et qui me sembleront de nature à intéresser mes paroissiens et mes successeurs; on le trouvera dans les archives de la fabrique,

INTRODUCTION.

Cemboing. — Ses noms et leur étymologie. — Ses antiquités. — Son église. — Statue de la Vierge. — Etablissement de religieuses. — Instruction primaire. — La maison commune. — Statistique.

Le nom de Cemboing n'a guère varié pour la prononciation, quoiqu'on le trouve écrit de différentes manières : *Samboin, Cemban, Sembon, Saint-Bouin* ou *Boin*, et aujourd'hui *Cemboing*; en latin du temps : *Cemboya, Cimbillium, Cimbinnium, Cimbinniacum*, etc.

Cemboing est dérivé, selon Bullet, de deux mots celtiques : *caïn, boïn ;* le premier signifie eaux, sources, fontaines, et le second, belles, abondantes. Cette étymologie paraît assez vraisemblable. A Cemboing, on trouve de l'eau presque partout ; il y a des puits ou des sources dans plusieurs caves. Le village possède trois fontaines, qui y ont leurs sources : la première est au milieu du village, elle est appelée la *Grande Fontaine*, pour ses eaux abondantes ; la seconde est au bas du village, c'est la Fontaine des Fontenis ; la troisième dans la rue de Bioz, d'où son nom Fontaine de Bioz ; elle est peu abondante, mais elle ne tarit jamais, et ses eaux sont toujours claires [1].

Quëlques savants, et entre autres Gollut dans ses *Mémoires sur la Franche-Comté de Bourgogne*, et Maurice Tissot dans la carte de cette province, prétendent que Cemboing vient du nom de Saint-Bénigne, et veut dire villa de Saint-Boin, Bon, Bénigne, parce qu'il a appartenu à l'abbaye de Saint-Bénigne de Dijon. La première étymologie paraît plus vraisemblable, puisque Cemboing s'appelait *Cimbinnium* longtemps avant d'appartenir au monastère de

---

[1] Il y a depuis 1843 une quatrième fontaine ; elle est au-dessus de la rue Ducret. Dans l'année 1865, on a placé pour la commodité des habitants trois bornes-fontaines, en attendant qu'on puisse en construire d'autres.

Luxeuil et plus tard à celui de Saint-Bénigne de Dijon.

Le territoire de Cemboing était traversé par la voie romaine d'Abucin (Port-sur-Saône) à Bourbonne. Cette voie se dirigeait par Chargey, Purgerot, Lambrey, le Moulin de la Perrière, le Mautrot, jusque sur le territoire de Cemboing, au lieu dit Arches de Villaux. Une autre voie romaine venait de Laite (Jussey), qui était alors bâti sur la colline au midi des Capucins, descendait de cette colline (1) et venait se souder à la voie de Port-sur-Saône à Bourbonne, aux Arches de Villaux. Ces deux voies soudées prenaient le nom de route de Laite à Bourbonne. Cette route descendait la côte de Renouveau, traversait le bois de Paquilot, la rivière de la Mance, gagnait Voisey, Coiffy, Bourbonne (2). La rue à laquelle

---

(1) En plantant une vigne au bas de la colline des Capucins, il y a quinze à vingt ans, on a retrouvé les vestiges de la voie romaine. M. Milot, agent-voyer du canton, en a reconnu l'emplacement et la direction sur Cemboing.

(2) En 1856, les entrepreneurs du chemin de fer creusèrent, auprès du bois de Paquilot, un nouveau lit à la Mance, pour en redresser le cours et n'être pas obligés de construire

elle aboutissait dans cette ville s'appelait rue de Laite. Cette voie avait une grande importance. C'était la route de Besançon à Bourbonne par Scey-sur-Saône. On sait que les bains de Bourbonne étaient très fréquentés par les Romains.

Aux Arches de Villaux, où venaient se souder les voies de Port-sur-Saône et de Jussey, il y a eu un établissement important; car on y a trouvé beaucoup de tuiles romaines et des monnaies d'or du même temps (1). De là le nom

---

un pont ; ils découvrirent, à deux mètres de profondeur, deux rangs de pieux plantés à cinquante centimètres de distance et portant trente centimètres d'équarrissage, vestiges du passage de la voie romaine. On a trouvé aussi dans ces fouilles des tuiles romaines, une monnaie d'Agrippa, le dessus d'un vase de terre ayant encore son anse et son goulot, une petite hache gauloise avec son manche. Ces objets ont été déposés à Barges, chez M. Decaen, général de division. On a découvert encore des troncs de chênes, des coudriers plantés et tenant au sol par leurs racines, qui s'étendaient naturellement, des pierres calcinées, des bois noircis; ce qui fait présumer qu'une forêt existant dans cet endroit a été brûlée. Les ingénieurs du chemin de fer ont constaté que le sol s'était exhaussé de quinze centimètres par siècle.

(1) On m'a montré, il y a environ trente ans, une monnaie

qu'on donne à ce lieu, *le Trésor*. Il y existait des souterrains, des caves, que les vieillards, dans les premiers temps de mon séjour à Cemboing, se rappelaient encore avoir vus; ils s'amusaient à y jeter des pierres pour entendre le son bruyant qui en sortait.

Le 29 juin 1818, on y a découvert, enfoui dans la terre à deux mètres de profondeur, un monument antique, avec des débris de colonnes. C'était une pierre ayant la forme d'une tombe, décorée de divers ornements d'architecture, et qui a dû être placée debout; elle portait l'inscription suivante, bien conservée :

D. M. H.
LOLLOLASSÆ FILIO OXTAVIUS MATURUS
FILI POSUER.

« Honneur aux dieux mânes. Octave Maturus et ses fils ont élevé ce monument au fils de Lollolasse. »

L'Académie de Besançon, ayant eu connaissance de la découverte de ce monument, le fit

d'or romaine qu'on venait de trouver en béchant la terre au lieu dit le Trésor.

demander ; mais il avait été brisé et converti en maçonnerie d'escalier par Félix Damidoz, qui l'avait trouvé. Cordienne, administrateur de la paroisse de Cemboing, l'a vu lors de sa découverte ; il en a dessiné la forme et transcrit l'inscription sur les registres de baptêmes, au 29 juin 1818.

Une tour a été construite au nord de Cemboing, dans une position d'où l'on découvrait tous les environs. Ce devait être une forteresse, ou une station fortifiée, ou un point d'observation. Il n'en reste plus que le nom ; l'endroit où elle avait été construite, ainsi que la rue qui y conduisait, ont retenu les noms de champs et rue de la Tour [1]. A un kilomètre plus haut existe un sentier qui traverse le bois et aboutit au chemin de fer en face de Barges.

---

[1] Cette tour existait encore en 1632 ; alors elle appartenait à Sa Majesté Catholique le roi d'Espagne, comme on le voit dans un dénombrement fait le 8 août de la même année par ordre de la cour de Dole ; mais elle a été détruite pendant la guerre de dix ans, de 1636 à 1646. Les habitants de Cemboing achevèrent de la démolir, et en prirent les restes pour réparer leurs maisons, dévastées pendant ces guerres. Il y a un siècle, il en existait encore quelques débris.

Dans le revers de ce bois s'élevait un chêne plus de trois fois séculaire, au pied duquel coulait une fontaine dont le cours a pris une autre direction depuis que l'arbre qui la protégeait a été coupé, en 1832. Ce chêne, cette fontaine, ce sentier, s'appellent *le sentier, le chêne, la fontaine de l'Ermite.* D'après la tradition, il y a eu dans ce lieu un ermitage, et l'ermite a été tué pendant qu'il puisait de l'eau à la fontaine. Ces noms et cette tradition se perdent et disparaîtront bientôt.

A l'est de Cemboing et au-dessus de la vallée où coule la Mance, en face de Raincourt, on retrouve beaucoup de débris de tuiles romaines; il y a vingt ans, on y a découvert des caves. Malgré les transformations qu'ont subies les lieux par l'extraction des pierres et par la mise en culture, on remarque au premier coup d'œil que le sol a été doucement incliné et préparé par la main des hommes, et que la nature du terrain se distingue de celle des alentours. Il y eut là sans doute une villa romaine délicieusement placée ; elle était bâtie sur un plateau et avait à ses pieds la Mance et la prairie que cette rivière arrose ; de là on découvre les plaines où sont Jussey, Cemboing, Barges, Raincourt, Blondefontaine, Melay, Betaucourt, etc.

Ce n'est qu'en 1003 qu'il est fait mention d'une église à Cemboing, lorsque cette église fut donnée à l'abbaye de Saint-Bénigne de Dijon par Otton-Guillaume, comte de Bourgogne[1]. Il y existait déjà depuis longtemps un petit oratoire, qui n'avait point de sacristie, comme la plupart de nos anciennes églises rurales. Plus tard on bâtit derrière cette église une sacristie, et au devant une tour carrée, qui a servi de clocher. Les seigneurs construisirent contre cette tour une chapelle, dédiée à sainte Catherine ; ils lui firent plusieurs donations et y fondèrent un grand nombre de messes, avec l'approbation des supérieurs ecclésiastiques. Vis-à-vis cette chapelle seigneuriale, du côté de l'évangile, on en fit une autre pour rendre l'église plus régulière. Lorsque la population aug-

---

(1) On lit dans les *Annales* de Bèze : « Erat ibi (in Albiniacâ villâ) ecclesia sancti Marcelli, cui additæ sunt duæ ecclesiæ in Cimbinnio et in Duellari Villare, possessioque terrarum amplissimarum).

menta, on bâtit une nef en avant de la tour; on y érigea deux autels, l'un dédié à saint Nicolas, et l'autre à saint Sébastien. Aussi les vieillards qui avaient vu cette église me disaient avec une espèce d'orgueil qu'on pouvait y célébrer cinq messes à la fois. Elle était consacrée sous le vocable de l'Assomption et était connue sous ce nom. L'Assomption est restée la fête patronale de la paroisse.

Cette église fut démolie en 1780 ; celle que l'on construisit à sa place était défectueuse et par son architecture et par son manque de solidité. Le chœur n'avait que 3^{m}50 de profondeur; les voûtes descendaient jusque sur les fenêtres, et les colonnes n'avaient ni frises ni corniches, mais seulement de maigres chapiteaux. Cinquante ans n'étaient pas encore écoulés, quand les piliers se coudèrent et la voûte de la grande nef se fendit par le milieu. M. Février, architecte en chef du département, fut chargé de la visiter en 1842, et il constata qu'il y avait danger imminent de la voir s'effondrer. Il fut, en conséquence, décidé qu'on la reconstruirait. Je profitai de cette circonstance pour demander l'agrandissement du chœur dans une proportion en rapport avec le reste de l'église, ainsi que l'établissement d'une coupole. Je n'obtins ces modifications essentielles qu'après une vive opposition de l'administration municipale et de l'administration départementale. Enfin, les plans et devis de la voûte et du chœur furent confiés à M. Painchaux, architecte du diocèse, au talent duquel nous devons notre belle église.

Trois choses font la beauté de cette église : 1° ses justes proportions ; elle a, depuis la porte d'entrée jusqu'au fond de l'abside, 39m50 ; le vaisseau a 31 mètres de long sur 15 de large ; le chœur, 11 mètres de long sur 7m50; 2° la simplicité de l'architecture, bien suivie dans les nefs et au chœur, relève la beauté de l'édifice ; les voûtes, qui ont été élevées, ont maintenant 11 mètres de hauteur, ce qui a permis de couronner les colonnes de chapiteaux, de frises et de corniches ; 3° enfin les peintures à fresque, dues au pinceau de M. Ménissier, font l'admiration de tous ceux qui viennent les visiter ; chacun convient qu'il faut sortir de la France pour trouver quelque chose de plus beau dans son ensemble.

Les peintures de la coupole représentent Marie dans la gloire ; au sommet, la très Sainte Trinité; un peu plus bas, Marie vêtue d'un manteau à franges d'or, assise sur un trône et entourée d'anges ; sous ce trône, saint Michel terrassant le dragon, et autour de la coupole les parents de la sainte Vierge, les patriarches, les prophètes, les martyrs, les docteurs, les vierges, les chefs d'ordres religieux, les saints honorés dans le pays, mais disposés par groupes et en extase devant la gloire de la Reine des cieux. On voit dans les trois tympans, au fond de l'abside, l'Annonciation, la Présentation et une Descente de croix; les quatre Evangélistes sont peints en grisailles dans les pendentifs ; on a peint aux tympans des autels latéraux la mort de Saint Roch, et Marie, refuge des pécheurs et santé des infirmes, et sur les deux confessionnaux sainte Madeleine aux pieds de Jésus-Christ chez Simon le Pharisien, et Jésus-Christ donnant les clefs à saint Pierre.

Une statue en pierre, représentant Marie assise sur un fauteuil, et tenant l'enfant Jésus sur ses genoux, est placée au fond du chœur, dans une niche richement décorée. Les habitants de Cemboing l'ont en grande vénération ; ils l'appellent *Notre-Dame de Cemboing*, et se recommandent à elle dans leurs maladies et dans leurs voyages ; des soldats ont dit lui devoir la vie, pour l'avoir invoquée dans des dangers imminents ; elle est légendaire.

Elle a été trouvée dans la terre, dans un lieu où passait la voie romaine, et qui s'appelle encore les *Herbues de Sainte-Marie;* la légende ne dit pas à quelle époque remonte cette découverte. Il y eut à ce sujet contestation entre les habitants de Saint-Marcel et de Cemboing, les uns et les autres prétendant qu'elle leur appartenait. Pour terminer cette contestation, ils convinrent qu'on mettrait cette statue sur une voiture, à laquelle seraient attelées deux bêtes de trait, l'une de Saint-Marcel et l'autre de Cemboing, et que la statue appartiendrait à celui des deux villages où ces animaux la conduiraient d'eux-mêmes ; ils prirent un chemin de défruitement qui conduit à Cemboing, en passant devant la porte du cimetière actuel, et arrivèrent auprès de l'église, où ils s'arrêtèrent. Telle est la tradition de Cemboing. On y ajoute du merveilleux : deux chevaux robustes de Saint-Marcel ne purent, dit-on, enlever la voiture chargée de la statue, tandis que deux haridelles de Cemboing l'amenèrent facilement. Cette statue, ajoute-t-on, en entrant à Cemboing, auprès de la fontaine de Bioz, y jeta une pierre ; c'est pourquoi les eaux de cette fontaine sont limpides en tout temps, même lorsque les grandes pluies troublent les eaux des autres fontaines.

De temps immémorial, il y a eu deux écoles à Cemboing, l'une pour les garçons et l'autre pour les filles. L'instruction des filles a trouvé autrefois bien des obstacles dans nos campagnes. Cemboing n'était pas à l'abri des préjugés qui les empêchaient de fréquenter l'école assez longtemps ; le curé a combattu ces préjugés. Grâce à la prospérité du budget, la commune a pu, dès 1834, après quatre années de sollicitations de la part de son curé, qui a été le premier champion de cette cause, voter la gratuité de l'enseignement primaire ; sur la proposition du curé, la municipalité demanda, en 1828, des Sœurs de la Charité de Besançon. Elles furent chargées de l'instruction des petites filles, et de la visite et du soin des malades ; deux années plus tard, une troisième religieuse fut adjointe aux deux premières. Le défaut de logement convenable rendit les premières années fort pénibles ; mais, par les efforts persévérants du curé et par l'intervention généreuse de Mgr Mathieu, archevêque de Besançon, une maison convenable fut achetée en 1838 ; les réparations qu'on y achève en ce moment, en feront un des plus beaux établissements de ce genre.

Cemboing possède une belle maison commune ; construite en 1847 et 1848, elle fait l'effet d'un hôtel de ville, d'un palais de justice ; la façade a une longueur de 22 mètres, et les côtés, qui forment deux ailes, une étendue de 12 mètres. Un beau frontispice se présente au milieu de la façade, avec trois ouvertures au rez-de-chaussée et trois à l'étage, encadrées de pilastres avec leurs chapiteaux, frises, corniches. L'étage est séparé du rez-de-chaussée par un cordon en pierres de taille. Quatorze fenêtres s'ouvrent dans la façade et six à chaque aile.

Cemboing est à 4 kilomètres de Jussey, chef-lieu du canton, et à 38 kilomètres de Vesoul, chef-lieu du département. Le chemin de fer de Paris à Mulhouse longe la partie septentrionale de son territoire sur une étendue d'environ 2,500 mètres. Les gares les plus rapprochées sont celles de Jussey (5 kilom.) et de Vitrey (6 kilom.) ; leur proximité favorise beaucoup l'écoulement des produits du sol, et n'est point à dédaigner, même pour un village exclusivement voué à l'agriculture.

Le village est placé sur une pente douce, qui court du nord à l'ouest. De nombreuses acquisitions faites par la municipalité ont permis d'aligner et d'élargir les rues, qui sont larges, bordées de rigoles pavées et bien entretenues; l'air y circule librement et les eaux pluviales s'écoulent facilement. Les maisons bâties ou réparées depuis vingt-cinq ans sont fort convenables ; d'autres, plus anciennes, se sentent encore des circonstances dans lesquelles elles ont été bâties. Relevées à la hâte après le terrible incendie de 1814 et au milieu des épreuves de la guerre et de la famine, elles sont mal distribuées et n'ont qu'un rez-de-chaussée. Il serait vivement à désirer, au double point de vue de la santé et de la moralité, qu'elles eussent un étage.

Depuis quarante-cinq ans on a travaillé à améliorer l'entrée du village, du côté de Jussey. Les vœux que je formais, et que j'ai manifestés à la municipalité depuis longtemps, vont enfin s'accomplir ; une large voie garnie de trottoirs et plantée d'arbres rendra l'accès du village plus facile et plus digne d'une commune dont les ressources sont considérables. Le conseil municipal l'a compris et a pris les mesures nécessaires pour faire cet embellissement.

Grâce aux biens communaux, qui n'ont pas été vendus, comme ceux d'autres communes, Cemboing voit les recettes de son budget dépasser la somme de 15,000 fr. Les forêts sont peuplées des meilleures essences de bois, chêne, hêtre, charme ; leur peu d'étendue ne permet pas d'en tirer un grand bénéfice ; c'est de l'amodiation des prés communaux que viennent les principales ressources.

Le sol est accidenté ; le niveau de la prairie est à 122 mètres au-dessus du niveau de la mer; le point culminant du chemin de Rosières atteint 290 mètres et le sommet du clocher 274. La superficie totale du territoire est de 1,028 hectares, dont 184 en bois, 84 en vignes, 174 en prés et 531 en terres labourables. Les vignes occupent les éminences placées à l'est et à l'ouest du village. La prairie, qui est arrosée par la rivière de la Mance et produit un excellent fourrage, forme un demi-cercle partant de l'ouest pour rejoindre au sud-est la prairie de Jussey.

Le territoire est fertile et produit en abondance le vin, le blé, l'orge, l'avoine, les fèves et les légumes de toute espèce. Les vins s'exportent surtout dans l'arrondissement de Lure; les céréales ont un débouché suffisant sur le marché de Jussey. On pourrait désirer plus de méthode dans la culture des terres, l'emploi de nouveaux instruments aratoires, l'extension des prairies artificielles, la culture des arbres fruitiers, un moindre morcellement des terres, un meilleur emploi des engrais, qui se perdent. Mais les nombreux progrès effectués depuis vingt-cinq ans font espérer qu'ils seront suivis de beaucoup d'autres dans un avenir prochain, et que Cemboing tiendra toujours à honneur de figurer parmi les communes du département les plus intelligentes et les mieux administrées.

D'après le dernier recensement, en 1866, la population de Cemboing est de 753 habitants, dont 181 hommes, 180 femmes, 24 veufs, 28 veuves, 183 garçons, 157 filles, répartis dans 220 ménages et dans 205 maisons. La paroisse compte 568 communiants. Depuis un siècle, la population a doublé. En 1614, il y avait à Cemboing 107 feux et ménages [1], 400 habitants environ ; la population diminua jusqu'en 1632; car le rôle des contribuables était de 78 ; c'étaient autant de chefs de famille ; ils n'accusaient guère que 300 personnes. Elle resta stationnaire pendant bien des années ; elle fut dé-

---

[1] *Reeès des Etats de Bourgogne*, t. II, p. 110.

cimée par la guerre, la peste et la famine, depuis 1632 jusqu'en 1655. Dans cet espace de temps il y eut à peine 50 naissances (1). Mais en 1688 on comptait à Cemboing 78 maisons, 80 hommes, 99 femmes, 205 enfants, 10 valets et 8 servantes (2). Pendant les soixante-six années suivantes, la population resta encore stationnaire : il n'y avait à Cemboing, en 1754, que 100 feux et ménages, ce qui faisait environ 400 habitants. Ils étaient au nombre de 800 passés en 1832 ; mais cette année la population fut plus que décimée : la petite vérole enleva 30 personnes ; le choléra, qui s'y déclara dès le milieu de juin, et qui y sévit avec fureur, fit 70 victimes ; et 5 autres personnes moururent d'autres maladies (3). Cette malheureuse année est appelée à Cemboing *l'année du choléra*.

Les habitants de Cemboing, comme la plupart de nos cultivateurs des campagnes, sont actifs, laborieux, économes. Ils sont générale-

---

(1) Registres.
(2) *Recès des Etats*.
(3) Registres de la fabrique.

ment à l'aise ; la mendicité a complétement disparu. Ils sont charitables ; ils aiment à visiter les malades, à consoler ceux qui éprouvent des pertes, des accidents, et à soulager les malheureux. Ils sont, en général, religieux ; la foi est encore ancrée dans leurs mœurs ; ils respectent les prêtres, ils craignent et aiment leur pasteur.

NOTICE HISTORIQUE
SUR CEMBOING.

PREMIÈRE PARTIE.

TEMPS FÉODAUX.

CHAPITRE PREMIER.

Ancienneté de Cemboing.— Charles de Charlemagne, d'Otton-Guillaume, de Henri III, de Hugues Ier, de Guillaume d'Arguel. — Procès. — Abbaye de Saint-Bénigne de Dijon. — Ses droits sur Cemboing.

Cemboing est très ancien ; son nom celtique, la voie romaine qui traversait son territoire, le monument antique qu'on y a découvert, les monnaies et tuiles romaines qu'on y a trouvées, en sont une preuve. Cependant il n'y a point de monuments qui mentionnent Cemboing avant le commencement du IX⁰ siècle : les documents écrits antérieurs à cette époque ont disparu, ou par incurie, ou par ignorance, ou dans les invasions des barbares qui, pendant plus de quatre siècles, ont promené le fer et le feu dans nos pays. Le premier titre qui parle de Cemboing est de 815 ; c'est une charte de Charlemagne qui donne à l'abbaye de Luxeuil un grand nombre de terres, parmi lesquelles est nommée celle de Cemboing [1], et qui lui ont appartenu jusqu'à la fin du X⁰ siècle ; cette charte de Charlemagne, transcrite en 980, les lui attribue encore.

Mais le monastère de Luxeuil n'en jouissait plus ; malgré les menaces des jugements de Dieu, que faisait Charlemagne, dans sa charte de donation, à ceux qui s'empareraient de ces biens, et malgré les anathèmes qu'il lançait contre eux, les seigneurs, qui convoitaient si fort les

---

[1] Ego Carolus, Pipini filius, fratribus in Luxovii cœnobio degentibus .. concessimus et... nominatim exprimimus Geonisvilla (Jonvelle), Jussey, Onorisjacum..., *Cimbinniacum*..., cum omnibus appenditiis suis... Acta sunt hæc anno ab Incarnatione Domini CVIIIXV. (*Archives de Luxeuil.*)

biens des religieux, s'en étaient emparés, en même temps qu'ils s'étaient emparés d'Abbiniac (Saint-Marcel), et refusaient de les rendre. Guillaume, abbé de Saint-Bénigne de Dijon, recourut à son cousin Otton-Guillaume, comte de Bourgogne, et à Brunon, évêque de Langres ; il les conjura plusieurs fois de reprendre ces biens et de les lui rendre. Ses prières furent enfin exaucées. Otton força les ravisseurs de ces biens à les restituer à l'abbaye de Dijon, et en même temps (1003) il lui donna les églises de Cemboing et de Noroy, fort rapprochées et fort à la portée et à la convenance de Saint-Marcel [1].

L'abbé de Saint-Bénigne, dans l'espérance que des religieux placés sur les lieux feraient respecter plus facilement ces biens, ou qu'on n'oserait pas les leur prendre, fit construire, par les conseils et avec l'aide du même évêque de Langres, Brunon, un monastère à Saint-Marcel, en l'honneur de saint Bénigne, et lui donna l'église de ce lieu, les églises de Cemboing et

---

[1] Annales de Bèze. Voyez ci-devant pag. 20.

de Noroy, le monastère d'Enfonvelle, et de vastes domaines provenant de la générosité d'Otton-Guillaume (1).

Cette donation des églises de Cemboing, de Noroy, fut contestée par les religieux de Luxeuil ; ils les revendiquaient comme leur ayant été données par Charlemagne. Adhémar, alors abbé de Saint-Bénigne, pour terminer toute contestation, chercha à s'en faire assurer la possession par Henri III, dit le Noir. C'est pourquoi il s'adressa à Renaud Ier, comte de Bourgogne, et à Hugues Ier, archevêque de Besançon, qui avait fiancé dans sa ville épiscopale Henri et Agnès. Tous les deux se trouvaient à Worms, où étaient l'empereur et le pape ; ils firent part de la demande de cet abbé à l'impératrice ; celle-ci joignit ses prières aux leurs auprès de l'empereur, qui, par une charte datée de Worms (1053), donna à l'abbaye de Saint-Bénigne de Dijon les églises de Saint-Marcel, de Cemboing, de Noroy, etc., avec tout ce qui leur appartenait (2). Il confirma, trois

(1) Annales de Bèze.
(2) Idem.

ans après, cette donation par une autre charte (1).

Un autre abbé de Saint-Bénigne, du même nom, Adhémar, fit venir, en 1109, au prieuré de Saint-Marcel, pour y faire l'office divin, une colonie de religieux sous la conduite d'Arnould, prieur de Saint-Belin dans le diocèse de Toul, et membre de l'abbaye de Saint-Bénigne ; il mit tout en œuvre pour faire ratifier par l'archevêque de Besançon la possession qu'il avait des églises de Saint-Marcel, de Cemboing, de Noroy, etc., et pour en obtenir d'autres de son diocèse ; il pria Jozeran, évêque de Langres, et Guillaume d'Aigremont, doyen et plus tard évêque de Langres, de s'unir à lui pour obtenir l'objet de sa demande de l'archevêque de Besançon, Guillaume d'Arguel. Celui-ci, mu par les instances de personnages aussi distingués, et par l'union intime qui avait toujours existé entre les Eglises de Besançon et de Langres, donna et confirma à Adhémar, abbé de Dijon, et à ses successeurs, les églises de

---

(1) Annales de Bèze, 189.

Saint-Marcel, de Cemboing, de Noroy, et celles d'Isches, de Fresne, de Serqueux, etc. Cet acte fut signé des deux évêques de Besançon et de Langres, des archidiacres, des deux doyens et de deux chanoines de chaque diocèse, revêtu du sceau de l'archevêque et daté de l'an 1114 [1].

Les religieux de Luxeuil protestèrent contre ces donations et réclamèrent ces églises comme leur appartenant depuis 815 ; ce qui fut le sujet d'un procès célèbre entre les abbayes de Luxeuil et de Dijon. Hugues, abbé de Luxeuil, s'adressa à l'empereur Henri V, son parent, pour obtenir justice ; il lui montra les diplômes de Clotaire, de Louis le Débonnaire, de Clovis II, et ceux plus anciens de Pépin et de Charlemagne, donnant à son abbaye ces églises. Ce prince prit sa défense, employa son crédit auprès du pape, et certifia qu'il avait vu et lu lui-même ces diplômes, qui étaient des titres incontestables en faveur des religieux de Luxeuil [2]. Ceci se passait en 1123.

[1] Cartulaire du prieuré de Saint-Marcel. Archives du Doubs.

[2] Vir venerabilis Hugo, noster consanguineus atque (Luxo-

L'abbé de Dijon pria saint Bernard de soutenir les droits de son abbaye. Ce saint prit vivement sa cause ; il écrivit trois lettres : la première au pape Honorius ; il lui dit que la cause des religieux de Dijon était juste, parce qu'ils avaient possédé depuis longtemps et sans interruption ces biens, que Luxeuil réclamait, comme il l'avait toujours entendu dire ; la seconde à Haimeric, chancelier du pape, qu'il conjure par leur amitié de soutenir la cause des religieux de Dijon, qui lui sont très chers à cause de leurs vertus ; et la troisième au cardinal Pierre : il le prie de regarder et de faire réussir cette cause comme si c'était la sienne, et parce que tout le pays et lui étaient persuadés que c'était celle de la justice (1). L'affaire se termina par une transaction. Luxeuil

vji) ecclesiæ abbas, privilegia imperatorum, Clotarii scilicet et Ludovici, nostræ majestati præsentavit, in quibus continebatur qualiter Pippinus, quondam rex, et imperator Carolus per eorum auctoritatem concessissent eidem monasterio et ibidem Deo servientibus privilegium, etc. — Preuve bien convaincante de l'authenticité de la charte de Charlemagne. (Cartulaire de Luxeuil. Biblioth. de Besançon.)

(1) Lettres 15, 16, 17.

rentra dans la possession de quelques terres dans le diocèse de Langres (prieuré de Vignory, Clefmont), mais Cemboing resta à Saint-Bénigne de Dijon. Les papes Calixte II en 1124, Alexandre III en 1177, et Célestin III en 1193, confirmèrent par leur autorité apostolique toutes ces églises à l'abbaye de Dijon ; Cemboing y est nommé comme relevant de cette abbaye, à laquelle il a toujours appartenu depuis 1003 [1].

C'était pour des raisons bien sages que les évêques donnaient les églises aux communautés religieuses ; que les rois, les empereurs confirmaient ces donations, et que les papes les approuvaient. Ces donations établissaient des relations intimes et fréquentes entre les curés et les communautés, qui ordinairement étaient des écoles de vertu et de science, relations avantageuses et aux curés et aux paroissiens. D'ailleurs, on pouvait molester facilement un curé de campagne ; le plus petit chevalier lui enlevait son église, que l'évêque ne pouvait faire

---

[1] Cartul. de Saint-Marcel. Archives du Doubs.

rendre ; le grand nombre des coupables assurait leur impunité ; tandis qu'il était difficile d'ôter à une abbaye le patronage d'une église ; le corps entier prenait fait et cause contre l'usurpateur, en appelait à l'évêque, au prince, au pape, faisait excommunier le ravisseur. Les abbés descendaient de familles puissantes et pouvaient facilement empêcher le vol des églises dont ils étaient les patrons, ou en obtenir la restitution.

Les droits de l'abbaye de Dijon sur les terres et l'église de Cemboing, bien établis et reconnus par les autorités compétentes, furent donnés au prieuré de Saint-Marcel. Cependant l'abbé de Dijon, Adhémar, se réserva les dîmes de Cemboing (1). Elles consistaient dans la trei-

---

(1) L'origine des dîmes et des corvées était très légitime. Les seigneurs, tout occupés de guerres, de tournois, ne pouvaient cultiver ni faire cultiver leurs terres ; elles étaient souvent trop considérables ; ils les donnaient à leurs sujets moyennant les dîmes et des corvées qu'ils se réservaient ; ou bien c'étaient des religieux qui, pour se livrer plus facilement à la prière, à l'étude, à l'éducation de la jeunesse, aux missions, cédaient aux mêmes conditions, à leurs fermiers ou à d'autres, les terres que leur avaient données les princes,

zième gerbe de tout ce qui se récoltait par gerbes sur le territoire de Cemboing. Tout particulier, avant d'enlever les gerbes de son champ, devait, par trois fois, et coup sur coup, appeler celui qui était chargé de lever les dîmes, et qu'on nommait *décimateur*. S'il se présentait, on comptait les gerbes, dont il avait la treizième ; s'il n'était pas présent, on appelait deux voisins, on vérifiait devant eux le nombre de gerbes, en laissant la treizième. On laissait de même de côté cette gerbe, et on enlevait les autres sans témoins, si on n'en avait point auprès de soi, et, dans ce cas, on était cru sur la foi du serment (1).

---

les rois, ou qu'ils avaient eux-mêmes défrichées. Les dîmes, les corvées, ont été abolies au plus tard en 1789 ; mais elles ont été avantageusement remplacées par les impositions et par les prestations en nature ou en argent qui existent aujourd'hui. Le nom seul a changé, mais la chose reste et doit rester. Si on se récrie tant contre les droits féodaux, c'est qu'on en a oublié l'origine, la légitimité, et qu'on ne pense qu'aux abus : ils sont inséparables des institutions humaines, et tiennent aux œuvres et aux passions de l'homme.

(1) Cartul. de Saint-Marcel. Archives du Doubs.

CHAPITRE II.

Seigneurie de Cemboing. — Gauthier. — Chambellan. — Jehan. — Richard. — Raincourt.

Le nom de *seigneur*, aujourd'hui si odieux par les calomnies dont on l'a couvert, était vénéré dans les temps anciens ; il rappelait l'idée de paternité ; les seigneurs se regardaient comme pères de leurs sujets, et en acquittaient les devoirs. Il y a eu de mauvais seigneurs, des seigneurs qui ont cruellement abusé de leurs droits ; le nombre en est moins grand qu'on ne l'a dit. N'y a-t-il pas eu, et n'y aura-t-il pas toujours de mauvais pères ? Du reste, chaque seigneur dépendait d'un autre seigneur, à qui il devait faire hommage de sa seigneurie dès qu'il en prenait possession. Il se rendait auprès de lui, et à genoux, ses mains dans les siennes, il lui jurait qu'il était son *homme*, son *vassal*, son *fidèle* ; il devait l'accompagner à la guerre. Cette cérémonie de l'hommage ne paraissait point humiliante ; on s'y soumettait sans peine et aussi facilement que de nos jours on prête serment de fidélité entre les mains du prince ou de son délégué. Les seigneurs de Cemboing et du voisinage, en particulier, devaient, lorsque le comte souverain de Bourgogne venait à Jussey, tenir sa cour, se réunir auprès de sa personne et lui faire une garde d'honneur.

Cette subordination et cette obligation de l'hommage étaient un frein aux passions des seigneurs et les empêchaient souvent d'abuser de leur autorité ; car, dans ce cas, ils étaient admonestés, réprimandés par le seigneur duquel ils relevaient. D'ailleurs, la religion venait au secours des sujets, des serfs maltraités par leurs seigneurs ; le pape, les évêques, avertissaient ceux-ci, les reprenaient, les menaçaient, et les excommuniaient dès qu'ils ne cessaient pas leurs abus. Les prêtres exhortaient les serfs à la patience, à la résignation par la vue du ciel, et cherchaient à adoucir leurs maux.

La seigneurie de Cemboing était de franche condition ; c'était un fief mouvant du duché de Bourgogne ; ses armoiries étaient d'or à trois bandes et de gueules. Les noms des premiers seigneurs qui l'ont possédée ne sont pas venus jusqu'à nous ; le premier dont on connaît le nom est Gauthier, en latin *Galterius ;* en 1148, il était seigneur de Cemboing ; il paraît que c'était un personnage important ; car, en 1157, la terre d'Agnaucourt ayant été donnée par Guy de Pesmes à l'abbaye de Cherlieu, il signa cette donation avec les hommes distingués du pays, les archidiacres de Besançon et de Faverney, Guy, premier abbé de Cherlieu ; Pierre, célerier d'Acey. Comme on tenait à honneur d'être le témoin et le garant de ces traités, Gauthier fit signer ses deux fils, Humbert et Valo, et ses officiers *(officiales),* Humbert et les trois fils de celui-ci, Etienne, Lambert et Sislebert. L'aîné de ses fils, qui portait le même nom, lui succéda dans la seigneurie de Cemboing en 1165 ; elle passa en 1238 à Richard [1]. Elle fut ensuite donnée à

(1) Archives de Vesoul, Cherlieu.

Pierre Chambellan, prévôt de Jussey, par Hugues, comte palatin de Bourgogne, et par Alix, son épouse. Il refusa de leur en faire hommage, et persista dans son refus. Le comte lui reprit et fit saisir son fief ; le prévôt réclama et insista ; mais à la fin, dit Thiébaud, roi de Navarre, de Champagne, il renonça à ses prétentions, reconnut qu'elles n'étaient pas fondées, et céda la seigneurie de Cemboing au comte et à la comtesse, *pour eux et les leurs.* On en passa un acte en présence de Guillaume, archevêque de Besançon, et de Guy, évêque de Langres ; ils le munirent de leur sceau, à la requête du comte, de la comtesse et du prévôt (1).

Mais Jehan, son fils, fit des démarches auprès du comte pour avoir la seigneurie de Cemboing, promettant de remplir les conditions que l'on avait exigées de son père, et il l'obtint ; de quoi un acte fut dressé ; on lui en expédia une copie en 1263 sous le sceau du châtelet de Paris. Aussitôt il en fit hommage « à noble baron Hugues, comte palatin de Bourgogne,

---

(1) Chambre des comptes, I, 100 et 101.

et à noble dame Alix, comtesse palatine, sa femme. » Il se déclara *leur homme lige;* il reconnut qu'il prenait et recevait d'eux *en fief lige et chassement, à cause de dame Marguerite, sa mère, à Cemboing, hommes, champs, bois, prés,* etc., *à la réserve de trois hommes* (familles), qu'il tenait en *fief de Gérard de Volberville* (Bourbévelle), et il promit de prendre d'eux en fief tout ce qu'il aurait en partage des biens de son père, *fors ce qui est d'autrui fief* [1].

Dès qu'il eut pris possession de la seigneurie de Cemboing, il contesta les droits que les religieux de Saint-Bénigne de Dijon avaient de lever les dîmes des terres de Cemboing; il leur refusa celles de ses terres et des terres de ses hommes. L'abbé de Saint-Bénigne réclama inutilement. Cependant Jehan tomba malade, reconnut ses torts et demanda des arrangements. L'official du diocèse se transporta sur les lieux. En présence de celui-ci, le seigneur avoua et déclara que, par droit de domaine et par une

[1] Chambre des comptes, I, 100 et 101.

légitime prescription, les dîmes de toutes les terres qu'on cultivait et qu'on cultiverait dans le territoire et le *finage* de Cemboing, appartenaient aux seuls abbé et religieux de Dijon; qu'il avait porté de graves torts à ces religieux, aux dépens et danger de son salut, en ne payant pas les dîmes des terres que les siens et lui cultivaient dans le village et finage de Cemboing; il promit qu'à l'avenir, pour remède à sa maladie, il paierait et ferait payer par les siens ces dîmes aux religieux de Dijon et y obligerait ses héritiers. On stipula de concert une amende de dix sous, monnaie estevenante, contre ceux qui feraient résistance ou violence aux décimateurs ; il se chargea de faire payer cette amende, dont la moitié serait pour lui et l'autre moitié pour l'abbaye. Afin de l'indemniser de ses frais, l'abbé lui donna 120 livres estevenantes, dont il fournit quittance. Pour sûreté de quoi il hypothéqua tous ses biens meubles et immeubles, présents et à venir, et prêta serment sur l'Evangile en présence de l'official. On en dressa un acte, signé des parties, daté du mois de juin 1284, et muni du sceau de la cour ecclésiastique de Besançon (1). Il releva de maladie et devint seigneur de Pesmes. L'abbé de Saint-Bénigne le pressa d'obtenir du comte de Bourgogne l'approbation de leur transaction et d'y faire apposer son sceau ; il le promit par une lettre en date du 20 mai 1288, s'obligeant, s'il ne pouvait pas faire approuver cette transaction, de rendre 50 livres tournois qu'il avait reçues, et déclarant que les choses retourneraient à l'état où elles étaient avant leur accord (2).

Dès ce moment les religieux jouirent paisiblement des dîmes de Cemboing. En 1291, l'abbé de Saint-Bénigne les céda à Guillaume, prieur de Saint-Marcel, pour la rente de 50 livres. Othon, abbé, réduisit cette rente à 24 livres en faveur d'Aimé de Rey, prieur, et, dix ans après, le prieuré de Saint-Marcel en jouit sans aucune redevance. Ce prieuré, dès l'année 1297, avait des droits sur le *moulin du Bois*. En 1347, Jacquette, femme d'Huguenin, lui vendit le droit de mouture et les autres droits

---

(1) Cartul. de Saint-Marcel. Archives du Doubs, n° 17.
(2) Idem.

qu'elle pouvait avoir sur ce moulin, qui, un peu plus tard, appartint à ce prieuré [1].

Jehan mourut en 1303 ; il avait eu deux fils, Richard et Jehan ; le premier lui succéda dans la seigneurie de Cemboing. Ce fut de son temps que quatorze habitants du village, témoins de la bonté des religieux de Saint-Marcel pour ceux qui dépendaient d'eux et de la protection dont ils les couvraient, se mirent avec leurs familles sous leur conduite. Par un acte en date du dimanche avant la Saint-Georges 1339, et muni du sceau de Hugues, garde du sceau de la prévôté de Coiffy, ils reconnurent de leur plein gré que ces religieux avaient sur eux basse, moyenne et haute justice, et droit de taille à volonté deux fois par an [2]. Leurs noms sont désignés dans cet acte. Ce sont les pre-

--

[1] Cartulaire de Saint-Marcel.
[2] Taille à *volonté*, à *merci*, n'était point une taille à *discrétion*, comme le nom semble l'indiquer, mais une redevance rationnelle, variant selon les circonstances et proportionnée aux facultés des *taillables* et au *rendement* des récoltes ; elle était ordinairement consentie par trois ou quatre prud'hommes, qui n'opéraient qu'en pleine connaissance de cause, ce qui rendait ces redevances plus justes et moins onéreuses.

miers noms d'habitants de Cemboing que je trouve ; je vais les citer : Simon, Thomas, Bocelin, Jehan Barédius, Jehan Bocelin, Renaud fils, Richart, Noémélius fils, Jehan Parrenoz, Fromont, Huguenin, etc. (1).

Le second fils de Jehan, portant le même nom, entra dans l'ordre des templiers, composé de la première noblesse du pays, surtout de la Franche-Comté ; lorsque cet ordre fut supprimé en 1309, il revint au château paternel et conserva son titre d'écuyer ; on l'appelait Jean le Templier. Treize ans après son retour, il acheta de Jean de Jussey, dit Tempoutet, un étang au bas de la ferme de Cray ; il le donna à l'abbaye de Cherlieu au moment de sa mort, qui arriva en 1349 (2).

Ce fut la même année que son frère Richard céda la seigneurie de Cemboing à son fils Jean ; il vécut encore longtemps ; son nom figure dans une charte de 1357 avec ceux de Jehanneriot et de Simon de Cemboing ; il avait eu un

---

(1) Cartul. de Saint-Marcel. Archives du Doubs, n° 80.
(2) Archives de Vesoul, n° 299.

autre fils, Fériot de Cemboing, écuyer, qui épousa Jeanne de Romain. Ce fils eut un fief de Neuchatel à Champey, qu'il avait acheté d'Ottenin de Champey [1]. Jean, chevalier, vassal du sire de Chauvirey, tint la seigneurie de Cemboing pendant trente-sept ans, et la vendit à un nommé Richard, après la mort de Philippe de Rouvre, comte de Bourgogne, avant que les droits de Marguerite, comtesse de Flandres, d'Artois, de Bourgogne, ne fussent reconnus et bien établis dans nos pays; dès qu'ils le furent, cette comtesse fit *mainmise* sur le fief de Richard, pour avoir été vendu sans son consentement [2]. Ce fief échut à Jean de Gallois, de Jussey, écuyer; il fit hommage au duc de Bourgogne pour le four banal du château, pour celui du village et pour plusieurs familles, au mois de mars 1385 [3]. En 1423, Jean d'Oigecourt (Augicourt) obtint le fief de Cemboing et en fit hommage au comte de Bourgogne, au nom de sa femme, de ses filles et au sien.

[1] Nobiliaire de Duvernoy.
[2] Chambre des comptes, cote I, 123.
[3] Idem, 129.

La seigneurie de Cemboing appartint ensuite à Jeanne de Montjustin, dame de Cemboing ; elle était mariée à Guillaume d'Aigremont ; elle contracta pour un écuyer une amitié trop vive, qui leur inspira le dessein de faire mourir d'Aigremont ; les deux coupables méditèrent leur crime, et pour le commettre plus sûrement, ils résolurent de l'exécuter pendant que d'Aigremont dormirait. Cette femme scélérate, usant d'une feinte amitié pour son mari, va se coucher auprès de lui, et lorsqu'il dort profondément, elle donne le signal convenu ; aussitôt son complice entre sans bruit, s'approche du lit où reposait d'Aigremont, et le poignarde. Jeanne, accusée de ce crime, fut traduite aux assises tenues à Vesoul par Aubert de Belvoir, et condamnée le 10 novembre 1453 ; elle fut bannie de la province. La terre de Cemboing fut confisquée au profit du trésor [1].

Vers ce temps, un habitant de Cemboing, Girard Pillet, alla établir son domicile à Voisey ; soupçonné et accusé de magie, il fut condamné

---

[1] Inventaire de Peincédé, 23e vol., pag. 2.

à mort pour *ses démérites*, porte la sentence, qui reçut son exécution en 1456. Tous ses biens meubles et immeubles furent vendus pour la somme de 21 livres 4 gros [1].

Cependant la seigneurie de Cemboing, confisquée, fut donnée à Jean Leffond, qui la laissa à son épouse, Jeanne d'Aravers. Celle-ci, dans le courant de l'année 1499, la céda, sous le danger des *commises* [2], à Jean de Ville, écuyer, seigneur de Saint-Remy ; il en fit hommage à l'archiduc de Bourgogne dans la personne de Neuchatel, seigneur de Montrond, son lieutenant général ; on lui permit d'en prendre possession le 22 décembre de la même année.

Plusieurs seigneurs avaient à la fois des droits sur Cemboing; ces droits étaient distincts. En 1353, Orry de Raincourt prenait le titre de seigneur de Cemboing *en partie;* son fils Philippe jouissait du même titre, et possédait une maison et plusieurs sujets, sur lesquels il avait

---

[1] Archives de Dijon, B, 4754-65-66.
[2] *Danger des commises*, c'est-à-dire sous le danger de confiscation.

droit de haute, moyenne et basse justice et de mainmorte (1). Il reconnut les tenir en fief du comte de Bourgogne (1395). Béatrix de Jussey, en 1423, fait au comte de Bourgogne l'aveu et le dénombrement de ses terres de Cemboing.

(1) La *mainmorte* était originairement la donation ou la vente d'un immeuble faite par un seigneur ou par des religieux, mais avec la réserve qu'il ne pourrait jamais être vendu, et qu'il reviendrait à son premier maître ou à ses ayants droit, si le donataire, ou l'acquéreur, ou leurs héritiers, mouraient sans postérité directe. Quoi de plus juste! Combien de pauvres, d'ouvriers, se trouveraient heureux de recevoir des immeubles à la même condition !

CHAPITRE III.

Patrons de l'église de Cemboing et leurs droits. — Curés et leurs droits. — Guy. — Chemadeu. — Vauflet. — Pierre.

Les prieurs de Saint-Marcel étaient nommés par l'abbé de Saint-Bénigne, devenaient les patrons de l'église de Cemboing et avaient le droit d'y nommer un curé. Après la mort du titulaire, le prieur présentait un prêtre de son choix, comme recteur ou curé de Cemboing, à l'archevêque de Besançon, qui lui donnait l'institution canonique. Lorsque, six mois après la mort du titulaire, le prieur n'avait présenté aucun prêtre, il perdait son droit pour cette fois seulement, et ce droit perdu était dévolu à l'archevêque, qui nommait lui-même le curé [1]. Le prieur partageait le casuel, les revenus at-

---

[1] C'était nommer le curé par ce qu'on appelait *jure devoluti ob non factam præsentationem.*

tachés à l'église, avec le curé, suivant un règlement arrêté sous le sceau de l'official diocésain, par suite de difficultés survenues entre le prieur et le curé.

Le prieur avait la moitié des offrandes faites aux mariages, aux sépultures, et des cierges qu'on donnait à trois fêtes de l'année; le curé avait l'autre moitié. La totalité des offrandes de la fête patronale appartenait au curé, s'il célébrait la messe paroissiale ; et s'il ne la célébrait pas, il n'en avait que le tiers; les deux autres tiers étaient au prieur. Cependant le curé pouvait prendre sur ces deux tiers pour recevoir les étrangers qu'il aurait chez lui le jour de la fête et rétribuer les prêtres qui y assisteraient : toutefois, il devait prêter serment qu'il n'y avait point eu de fraude de sa part. Les offrandes faites pour les baptêmes, les confessions, la bénédiction des maisons neuves, les relevailles, les visites pastorales ; puis les deniers de la charité, la pinte et les quêtes de vin, les deux œufs, la poule du mariage, le pain, les gâteaux, etc., appartenaient au curé. Ces offrandes étaient peu de chose en elles-mêmes; il n'y avait que leur multiplicité qui leur donnât de la valeur (1).

Le premier curé de Cemboing dont j'ai trouvé le nom, est Guy; il figure dans un acte de donation fait en 1212 à l'abbaye de Cherlieu par Hugues, seigneur de Bougey; il le signa comme témoin avec Frédéric, prieur de Jussey, et Philippe, moine de Faverney. Le second est Chemadeu. Ce fut lui qui fit l'accord précédent avec Guillaume, prieur de Saint-Marcel, pour les revenus de l'église de Cemboing. Mais le prieur, par amitié pour le curé, lui accorda jusqu'à la mort de l'un des deux titulaires sa part dans les offrandes aux trois fêtes de l'année et à la fête patronale. L'un et l'autre promirent de s'en rapporter à la décision de Richard, curé de Chauvirey, s'il survenait des difficultés. Cette transaction eut lieu aux ides de mai 1304 (2).

Dans ce temps, un prêtre de Cemboing, messire Pierre, avait été nommé à la familiarité de Jussey. Cette familiarité possédait une maison

(1) Archives du Doubs, n° 17.
(2) Idem.

que lui avait donnée messire Lambert, et dont les revenus étaient attachés à l'église de Saint-Pierre, qui alors n'était pas l'église paroissiale de cette ville ; celle-ci était à Laite, ancien Jussey. Cette familiarité rapportait cent vingt livres. Messire Pierre en affecta vingt à des services religieux qui devaient se faire après sa mort, à Cherlieu, pour lui et pour ses prédécesseurs (1).

Un siècle après, Jehan Vauflet était curé à Cemboing ; il y eut entre lui et Jehan de Chairey, prieur de Saint-Marcel, des contestations pour les revenus de l'église ; ayant appris qu'une transaction faite entre deux de leurs prédécesseurs existait dans les archives de l'évêché de Langres, ils la demandèrent. Jean de Salinis, official de ce diocèse, fit faire une copie authentique de cette transaction et de la donation de l'église de Cemboing, en 1114, à l'abbaye de Dijon, la signa, la revêtit de son sceau et l'expédia « à religieuse et honnête personne frère Jehan de Chairey, prieur de Saint-Marcel, de

---

(1) Archives de la Haute-Saône, 299.

l'ordre de Saint-Benoît, au diocèse de Besançon, et à Jehan Vauflet, de Juvigney, curé de Cemboing. » Le prieur et le curé s'en tinrent à la teneur de cet acte, expédié le 15 mai 1426 (1).

Des malheurs vinrent fondre sur nos pays un demi-siècle plus tard. Les Français et les Lorrains coalisés ravagèrent nos campagnes, pillèrent l'abbaye de Cherlieu, et ne respectèrent pas davantage l'église de Cemboing. Cette soldatesque brutale traînait à sa suite les prêtres, pour en extorquer une plus forte rançon. Trois ans après, 1477, les Français, sous la conduite de Pierre de Craon, gouverneur de Champagne, rentrèrent en Franche-Comté, prirent de nouveau Jonvelle, Jussey, Cherlieu, Cemboing, etc., pillant et brûlant tout ce qu'ils rencontraient (2).

Ces guerres de Louis XI et de Charles le Téméraire, qui dévastèrent le bailliage d'Amont, de 1470 à 1475, avaient jeté la perturbation dans les paroisses. Pour y remédier, on fit le

---

(1) Archives du Doubs.
(2) GOLLUT, 872.

relevé de leurs revenus, des bénéfices y annexés, et des titulaires. Ce contrôle eut lieu dans la prévôté de Jussey en 1475. Il y est constaté que la cure de Cemboing, sans autre bénéfice, rapportait environ cent francs de revenus, et qu'elle était occupée par messire Simon Baudot. C'est le quatrième curé dont j'aie trouvé le nom ; il avait succédé à Jehan Vauflet, et eut pour successeur Jean Guillen vers l'an 1480. Dès cette époque, on connaît le nom et la date de la nomination des curés de Cemboing : le titulaire actuel (1866) est le dix-septième depuis l'an 1420. Jean Guillen mourut au commencement de 1507, et le 2 mars de la même année, l'archevêque de Besançon nomma à la cure de Cemboing Ferry Carondelet, sur la présentation de frère Remi, abbé de Morimond et prieur de Saint-Marcel (1).

(1) Registres de Cemboing.

DEUXIÈME PARTIE.

AFFRANCHISSEMENT DE LA COMMUNE DE CEMBOING.

CHAPITRE PREMIER.

Affranchissement de Cemboing. — Droits des seigneurs. — Constitution de la commune. — Service militaire. — Usages religieux.

Ce fut au commencement ou dans le courant du xvie siècle que Cemboing fut affranchi. La charte d'affranchissement n'existe plus ; on en ignore la date précise ; le nom du seigneur à qui Cemboing dut ce bienfait n'est pas connu. Voici les droits que le seigneur se réserva, à lui et à ses successeurs ; on les trouve spécifiés dans un aveu et dénombrement fait et signé par Jean de Marmier, seigneur de Cemboing, le 13 février 1583, et déposé chez M. Rouher-

Lamothe, qui a bien voulu me le communiquer.

« 1° La seigneurie de Cemboing possède le
» droit de toute justice, haute, moyenne et
» basse ; elle est de franche condition (1).

» 2° Pour cela, le seigneur a le droit d'instituer
» juge, procureur, officier pour l'exercice
» de cette justice, de la faire par eux publiquement,
» de connaître de tous les délits, jusqu'à
» la mort inclusivement.

» 3° Les sujets de la seigneurie de Cemboing
» ont le droit et le pouvoir d'élire et de choisir,
» le jour de la fête de Saint-Michel, un maire et
» un sergent pour aider dans leurs fonctions
» les officiers de la justice ; ils devront, le même
» jour, se présenter devant ceux-ci pour savoir

---

(1) La justice appartenait aux seigneurs ; c'était pour eux un honneur ; elle était en même temps une lourde charge ; elle se faisait à leurs frais, et sur les lieux, par conséquent avec promptitude et sécurité pour le coupable. Depuis leur affranchissement, les habitants de Cemboing en particulier trouvèrent une plus grande sauvegarde dans le droit qu'on leur donna de nommer chaque année deux d'entre eux pour aider à rendre la justice.

» s'ils sont *idoins* et *suffisants*, et faire serment
» de bien s'acquitter de leurs devoirs.

» 4° Le seigneur, à cause de la haute jus-
» tice, a le droit d'imposer aux quatre cas sta-
» tués par la coutume générale du pays et
» comté de Bourgogne (1).

» 5° Le seigneur a le droit de tenir et d'a-
» voir un signe patibulaire pour appliquer au
» dernier supplice ceux qui y seraient condam-
» nés (2).

» 6° Droit sur toutes les amendes pécuniai-
» res pour tous les délits qui se commettent

---

(1) Ces quatre cas statués par la coutume du pays, où le seigneur avait droit d'imposer les habitants, étaient 1° lorsqu'il mariait son fils aîné ; 2° lorsqu'il était armé chevalier ; 3° lorsqu'il faisait le voyage d'outre-mer pour délivrer la Terre sainte ; 4° lorsque, étant prisonnier de guerre, il devait payer sa rançon. En 1587, il survint un édit réglant la taille aux quatre cas à une somme pour chaque feu et ménage, à répartir entre tous les habitants, *le fort portant le faible.*

(2) Ce signe patibulaire était placé à l'entrée de Cemboing, sur une petite éminence qui se trouve entre la route de Jussey et un chemin qui conduit à la prairie et au moulin des Prés ; il y avait une croix plantée auprès de ce signe ; il y en a encore une aujourd'hui à la même place ; on l'appelle *la croix de la justice.*

» dans la seigneurie. Les habitants qui seront
» trouvés prenant contre le droit dans les bois
» communaux seront amendables de trois sous,
» et les étrangers de soixante.

» 7° Les habitants ont le droit de prendre
» dans le bois de Lignère toute espèce de bois
» mort et de mort-bois; d'y faire pâturer tout
» leur bétail, *gros et menu;* et pour cette jouis-
» sance, chaque année, à la Saint-Martin, ils
» donneront deux quartes d'avoine, mesure de
» Jussey, par ménage; les enfants n'en doivent
» qu'une. S'ils sont trouvés à prendre dans ce
» bois du bois vif, ils paieront trois sous d'a-
» mende pour chaque fois.

» 8° Tous les habitants qui ont une charrue
» sont tenus à trois journées de charrue : une
» pour les carêmes, une pour les sombres, et
» l'autre pour les regains; ils seront nourris,
» eux et leur bétail, s 'on l'usage de Cemboing.

» Le seigneur a le droit de banalité dans la
» rivière fluant et passant sur le territoire de
» Cemboing; de telle sorte que, si les habitants
» ou les étrangers sont pris à y pêcher, ou à
» y mettre rouir du chanvre, ou à y prendre

» toute autre commodité, ils seront amenda-
» bles, les premiers de trois sous et les seconds
» de soixante; et aura le droit de l'amodier
» chaque année.

» 10° Tous les acheteurs de meix, de mai-
» sons situées sur la seigneurie, sont tenus de
» payer dans deux mois les droits de lods, con-
» sentement et scellés (1).

» 11° Les étrangers qui viendront se fixer
» dans la seigneurie seront mainmortables et
» paieront les dîmes, si telle était leur condition
» dans la seigneurie qu'ils ont quittée.

» 12° Le droit de collation ou patronage de
» la chapelle seigneuriale de Sainte-Catherine,
» fondée dans l'église de Cemboing, et où doi-
» vent se dire deux messes par semaine. En les
» faisant acquitter, les seigneurs jouiront de
» tous les biens qui appartiennent à cette cha-
» pelle. »

Tels furent les droits que se réservèrent les seigneurs en affranchissant la commune; ils ne

---

(1) Meix veut dire une habitation environnée de terres qui en dépendent.

sont ni exorbitants, ni durs. On trouve peu de chartes plus libérales ; aussi les habitants en furent reconnaissants et bénirent le seigneur qui les affranchit.

Dès ce jour la commune se forma, se constitua, et fut administrée par cinq fonctionnaires : deux gardes, forestier et champêtre, chargés d'empêcher les délits dans les bois et dans la campagne et de veiller à la conservation des bois et fruits pendants ; un procureur, dont les fonctions consistaient à percevoir les *deniers* royaux et les revenus de la commune ; enfin deux échevins ; ils devaient surveiller les gardes, le procureur, entretenir les chemins, faire la police, pourvoir aux réparations de l'église, du presbytère, à l'entretien du culte et à la conservation des biens communaux (1).

Ces cinq fonctionnaires étaient élus par les habitants à la pluralité des voix ; l'huissier de la justice rédigeait un procès-verbal de leur élection, le faisait enregistrer et signifiait leur nomination aux élus ; ceux-ci entraient de suite

(1) Archives de Cemboing.

en fonctions ; ces fonctions ne duraient qu'un an, et chaque année on procédait à de nouvelles élections (1).

Les deux échevins n'avaient point de conseil; c'est pourquoi, lorsqu'il s'agissait de régler des choses importantes, d'un procès à prévenir, à entreprendre, à terminer amiablement, de grandes dépenses, ou une augmentation de dépenses à faire, un garde, le procureur à révoquer, ils devaient convoquer les habitants au son de la cloche, les assembler sur la place publique lorsque le temps le permettait, sinon à l'église. On discutait l'affaire en question et on la terminait à la pluralité des voix. A la fin de la gestion annuelle des échevins, les habitants au son de la cloche se réunissaient, nommaient trois d'entre eux pour vérifier les recettes et les dépenses, et fixaient le jour où l'on procéderait à la nomination des nouveaux fonctionnaires (2). On le voit, la commune de Cemboing avait beaucoup plus de liberté pour gérer ses

---

(1) Archives de Cemboing.
(2) Idem, *passim*.

affaires, et le suffrage universel y était beaucoup plus en vigueur qu'aujourd'hui.

Lorsque le temps était mauvais ou menaçant pendant les récoltes, les échevins consultaient, et voyaient, le samedi, s'il y avait nécessité de travailler le lendemain dimanche ; et, dans ce cas, ils allaient trouver le pasteur, et le priaient de donner la permission de travailler après la messe, qu'on avançait, et à laquelle tout le monde assistait. De même, pour obtenir un temps favorable aux biens de la terre, la cessation ou la préservation de quelque fléau, les échevins demandaient au curé de célébrer la messe, de faire une procession au bois de Demongeot, à l'angle duquel on avait érigé une croix, ou aux Capucins de Jussey. Dans ce dernier cas, on nommait et on payait un porte-croix. On faisait venir des joueurs d'instruments de musique pour les processions de la Fête-Dieu et des fêtes solennelles. Les échevins les demandaient, de concert avec le curé, et les faisaient payer par le procureur [1].

(1) Archives de Cemboing.

La province de la Franche-Comté était divisée en trois bailliages, d'Amont, d'Aval et de Dole, chaque bailliage en ressorts, et chaque ressort en prévôtés. Cemboing était du bailliage d'Amont, du ressort de Vesoul et de la prévôté de Jussey. Il devait pour le service militaire, à raison de 107 feux et ménages, un arquebusier à cheval, quatre à pied, et deux mousquetaires (1614) ; il devait élire ses militaires parmi ses habitants les plus robustes et *pratiqués* de la guerre. Une fois élus, ces militaires étaient tenus au service, tant qu'ils pouvaient le faire utilement ; dès qu'ils ne le pouvaient plus, la commune les remplaçait par d'autres *propres et idoins;* elle fournissait le cheval et les armes et donnait 24 fr. à l'arquebusier à cheval, 14 à chaque mousquetaire, et 10 à chaque arquebusier à pied, pendant la durée de leur service, qui était de *six, sept semaines*, cinquante jours au plus. Le service fini, l'arquebusier rendait son cheval à la commune ; mais tous conservaient leurs armes, afin de s'y exercer, et ne pouvaient les aliéner [1].

(1) *Recès des états de Bourgogne*, t. II, p. 110.

CHAPITRE II.

Curés. — Seigneurs. — Guerres. — Confrérie de l'Immaculée Conception. — Vente de la seigneurie. — Procès.

Ferry Carondelet, curé, mourut en 1529 ; Remi, prieur de Saint-Marcel, présenta pour curé Jean Cassin, de Cemboing, à l'archevêque de Besançon, qui le nomma le 28 septembre de la même année. Ce fut ce curé qui érigea dans l'église de Cemboing un autel en l'honneur de saint Nicolas, et y fonda sur son bien deux messes basses par semaine.

La seigneurie de Cemboing appartenait alors à Hugues de Marmier ; tout porte à croire que c'est lui qui affranchit la commune. Il fut président du parlement de Dole, et envoyé à la cour de Louis XII, roi de France, pour l'exécution du traité conclu entre la France et les Pays-Bas, et assurant la neutralité du duché de Bourgogne. Il accompagna Charles V, roi d'Espagne, dans plusieurs guerres ; il mourut en 1564, et laissa deux enfants mineurs, Jean et Simon ; sa veuve fut tutrice de ses deux enfants et patronne de la chapelle seigneuriale. A sa majorité, Jean eut la seigneurie de Cemboing ; il fit l'aveu et le dénombrement de ses droits sur Cemboing, la chapelle seigneuriale, et de toutes *les terres, maisons et château* qu'il y possédait ; il l'envoya, le 13 février 1584, à *haut et puissant* seigneur comte de Champlitte. Il fut seigneur de Cemboing, Gastel, Betoncourt, Moissey, Saint-Julien, Raincourt, Fouchécourt, gentilhomme de la bouche du roi d'Espagne Philippe II, et de son conseil, capitaine et gouverneur de la ville de Gray [1].

Jean Cassin, après avoir occupé la cure pendant cinquante-deux ans, la résigna à son neveu Claude Cassin, qui devint curé de Cemboing le 28 avril 1583. Ce fut lui qui eut la gloire d'établir dans sa paroisse la confrérie de l'Immaculée Conception (1608), pour préserver nos pays du protestantisme, dont ils étaient fortement menacés [2]. Il se montra zélé pour la maison de

[1] Archives de M. Lamothe.
[2] La prétendue réforme faisait, dès le milieu du XVIe siècle, des efforts inouïs pour s'introduire en particulier dans le

— 73 —

Dieu ; de concert avec ses parents, il augmenta les revenus de la chapelle de Saint-Nicolas en y affectant des immeubles. Par un acte du 15 août et du 2 novembre 1615, il fut stipulé que le patronage de la chapelle appartiendrait à l'aîné des garçons Cassin ; à son défaut, à l'aînée des filles, et à leur défaut aux héritiers de la famille ; elle en a joui jusqu'en 1790 (1). Il

nord de notre province ; elle avait trouvé des partisans à Luxeuil, Conflans, Amance, Jonvelle ; on faisait le prêche sur les frontières, à Godoncourt, Pressigny, etc. Sa Majesté Catholique et la cour de Dole avaient défendu sous des peines sévères d'y assister. Les curés, alarmés des progrès du protestantisme, s'assemblèrent pour mettre de l'ensemble dans les mesures dictées par leur zèle, et décidèrent qu'ils établiraient dans leurs paroisses la confrérie de l'Immaculée Conception, afin d'obtenir de la Mère de Dieu, par ce nouvel hommage rendu à son plus beau titre, que lui ravissaient les protestants en niant le péché originel, un secours puissant et efficace contre cette hérésie. Telle est la cause de l'érection presque simultanée de cette confrérie dans toutes les paroisses des cantons de Vauvillers, Amance, Jussey, Vitrey, etc., qui, pour ce motif, ont été préservées du protestantisme.

(1) Le patron de ce bénéfice y nommait un prêtre par acte notarié ; l'ordinaire du diocèse lui donnait l'institution ; ces deux actes étaient présentés au parlement, qui rendait un arrêt, et devant qui l'élu prêtait serment. Celui-ci, muni de ces trois pièces, accompagné d'un prêtre et de deux témoins,

4

résigna sa cure à son neveu, Jean Cassin, qui en prit possession le 13 février 1616 (1).

Pendant ce temps, Jean de Marmier était mort ; il avait laissé deux fils ; l'aîné fut baron de Longwy ; le puiné, Clériadus, hérita de la seigneurie de Cemboing ; il était chevalier gentilhomme de la bouche des archiducs d'Autriche, et fut capitaine d'une compagnie de chevau-légers. Le 14 septembre 1611, il vendit, pour le prix de 12,000 livres, monnaie courante de Bourgogne, au comte de Deuilly la seigneurie de Cemboing avec tous *ses biens, cens, taille, droits, authorité, basse, moyenne et haute justice* (2). Le comte de Deuilly, Généreux-Christophe de Cultz, était fils de Marc de Cultz

---

se rendait à l'église de Cemboing ; on y lisait ces actes ; puis l'élu et le prêtre qui l'accompagnait montaient au maître-autel, et ensuite à l'autel de Saint-Nicolas, les baisaient au milieu et aux deux coins ; après une prière, ils sortaient de l'église, proclamaient cette prise de possession, et requéraient les opposants, s'il y en avait, de le déclarer. En fin de tout quoi, on dressait un acte notarié, que devaient signer l'élu, le prêtre et les deux témoins. Telles étaient les formalités de la prise de possession. (Archives de la fabrique.)

(1) Registre de la fabrique.
(2) Archives de M. Lamothe.

et de Françoise de Grammont. Les de Cultz, dès 1565, prenaient le titre de seigneurs de Cemboing, étaient de bonne noblesse, chevaliers de Saint-Georges, et alliés aux Boigne et aux Marmier (1). Ils possédaient beaucoup de terres à Cemboing. C'est pourquoi le comte Christophe, leur descendant, en acheta la seigneurie. Il fut député pour la noblesse aux états de Bourgogne, tenus à Dole en 1621, 1624 et 1629 ; il prit part à toutes les décisions qui eurent lieu. Tous les députés, dans la session de 1629, après avoir communié à la messe, firent vœu de fonder à perpétuité une messe qui serait dite chaque année, à Dole, à l'autel où repose le *très saint Sacrement du Miracle*, une autre à l'église de Montbozon, où sont les reliques de saint Sébastien, et d'entretenir une lampe ardente devant la Vierge miraculeuse de l'église de Gray (2).

La commune empêcha le seigneur de prendre dans ses forêts le mort-bois et le bois mort pour

---

(1) Archives de la maison de Santans.
(2) *Recès des états*, t. II, p. 273, etc.

ses fours ; il lui intenta un procès et le gagna (1630) ; la commune en appela, et n'obtint qu'une seule chose bien juste, que le bois de Lignère ne serait pas compris dans *l'usage et affouage* adjugés au seigneur (1632). Plus tard, la commune refusa au seigneur ce même bois ; elle fut traduite devant la maîtrise de Vesoul ; il y eut plusieurs arrêts, plusieurs appels. Mais, en 1749, il fut rendu un arrêt définitif, condamnant la commune à donner au seigneur la moitié des *assiettes* annuelles, et à régler en outre son chauffage et celui de ses fermiers. Elle réclama et porta ses réclamations au pied du trône ; on les examina et on les prit en considération. Le 15 novembre 1750, il intervint un arrêt qui annulait celui de 1749 et ordonnait au sieur Deuilly de produire ses titres sur les bois de Cemboing, *sauf à être statué en vue d'iceux sur ce qu'il appartiendrait* [1].

Le 8 août 1632, Guillaume Charpiot, notaire à Jussey, commis par la cour de Dole pour faire le dénombrement des droits de Sa Majesté

---

[1] Archives de Cemboing, *passim*.

Catholique sur Cemboing, s'y présenta ; il fit comparaître devant lui Jean Crapelet, Jean Vincent, Thomas Brandin, Simon Gaulon, Toussaint Mougin, Simon Vaulfrad, échevin, Antoine Brandelet, tous de Cemboing. Après avoir prêté serment sur l'Evangile, ils reconnurent que Sa Majesté avait totale justice sur quatorze sujets (familles) dépendant de la seigneurie, le droit d'instituer un juge, un procureur, un greffier, droit sur la tour de Cemboing et ses dépendances, droit de soixante sous estevenants sur les deux moulins pour le cours d'eau de la Mance ; et que ces quatorze sujets lui devaient annuellement et solidairement chacun 13 francs 4 gros, ancienne monnaie du pays, une poule au carême *prenant*, et trois corvées de bras, l'une pour la *faulx*, l'autre pour les *faucilles*, et la troisième pour le *râteau*. Comme Sa Majesté ne possédait ni champs ni prés à Cemboing, ces corvées étaient estimées, réglées et payées à deux sous six deniers. Bastien Maire les percevait, vendait les poules au profit du roi, et tenait pour lui *tierce* justice [1].

[1] Archives de Vesoul.

CHAPITRE III.

Guerre de dix ans. — Episode. — Seigneurs. — Curés. — Concours.

La guerre de dix ans est ainsi appelée parce qu'elle dura de 1636 à 1646. Ce fut une époque d'incroyables désastres pour nos pays. Le duc de Lorraine, Charles IV, venait d'en expulser les Français ; des Allemands, des Hongrois, qui avaient fait partie de son armée (1635), restèrent dans nos environs. Ils se formaient en bandes de huit, de dix, douze, tombaient sur les passants, les dévalisaient et en tuaient un grand nombre ; ils se retiraient la nuit dans les bois, les granges de Cherlieu. On n'osait plus passer sur les chemins de Jussey ; les laboureurs ne voulaient pas faire les semailles du printemps, dans la crainte que ces pillards ne leur prissent leurs chevaux [1]. Et

[1] Correspondance du parlement, B, 777.

ce n'était là que le commencement des maux.

Le duc de Saxe-Weimar, après avoir mis à feu et à sang Bourbévelle et Corre, fondit sur Jussey le 11 mai 1636. Cette ville résista à quatre attaques; le duc, pour se dédommager et se venger, dévasta Cemboing, Raincourt, Betaucourt et Gevigney. Le vicomte de Turenne fut envoyé contre Jussey. Provoqué par le jeune Gaucher, qui, dans une course sur Blondefontaine, avait tué soixante Français et mis le feu au pays, Turenne attaqua du Magny, qui défendait Jussey, le força de se retirer, entra dans la ville et dans Cemboing, brûla ces deux localités, fit passer par les armes ceux de leurs habitants qui ne s'étaient pas sauvés, et se retira (1). Il n'y avait pas encore deux mois que Mercy avait été envoyé par Gallass pour reprendre Jussey, lorsque Weimar donna ordre à Tourbadel, son général-major, de l'en chasser. A son approche, les habitants de Cemboing s'enfuirent dans les bois; leur curé, Jean Cassin, Bastien Maire, Gérard, et quelques autres

---

(1) *Histoire de Jonvelle*, p. 244.

de ses paroissiens, se réfugièrent aux Capucins de Jussey avec deux cents habitants de cette ville, des filles et des femmes ; le dimanche matin 16 novembre, Tourbadel tombe sur Jussey, taille en pièces les troupes de Mercy, investit les Capucins, et fait prisonniers tous ceux qui s'y étaient retirés. Ces prisonniers, pour sauver l'honneur et la vie des filles et des femmes, furent forcés de capituler pour 14,500 francs, et de donner pour caution de cette somme quatre otages, qu'on emmena à Jonvelle. Comme on ne put payer la rançon au temps fixé, Tourbadel revint à Jussey le 24 du même mois, et brûla tout ce que l'incendie du 12 septembre avait épargné. Il retourna à Jonvelle ; mais Gallass l'en chassa le 20 décembre [1].

Cependant il fallait se hâter de verser les 14,500 fr. de la capitulation pour obtenir la liberté des otages. La ville fut obligée de faire un emprunt, en se réservant le droit de décider plus tard ceux qui devraient payer la rançon ; elle s'adressa à Françoise Légier, de Jussey,

---

[1] Archives de Jussey.

mariée au baron d'Eclans et demeurant à Gray. La baronne s'empressa de prêter la somme demandée; et la ville, par reconnaissance, lui accorda à perpétuité les filets de tous les bœufs qu'on abattrait à la grande boucherie, droit qui a subsisté jusqu'en 1789. Mais, lorsque la ville voulut décider la question réservée, il y eut des difficultés, une enquête, des témoins entendus, etc. Les habitants de Jussey et les étrangers qui avaient fait la capitulation furent condamnés à la payer ; ces derniers se décidèrent difficilement à donner leur quote-part; dans le mois de juin 1672, la ville de Jussey intenta un procès à Gérard, de Cemboing, pour la lui faire payer [1].

Le curé Jean Cassin était rentré dans sa paroisse et ne vécut plus que dix-huit mois ; il eut pour successeur François Roux, qui fut nommé curé le 19 juin 1638, sur la présentation du prieur de Saint-Marcel [2]. Le pays venait de passer deux années désastreuses; il était ruiné

---

[1] Archives de Jussey.
[2] Registres de Cemboing.

et dépeuplé par la guerre, par la peste et par la famine. Les laboureurs n'avaient pu ensemencer leurs terres ni en automne ni au printemps suivant; ils furent réduits, pour ne pas mourir de faim, à manger les bêtes mortes, à se nourrir de chair humaine; on vit des mères, des frères, tuer et manger leurs enfants, leurs sœurs. C'était partout l'image de la mort [1].

Un nouvel orage tomba sur Cemboing. Du Hallier et le comte de Grancey, avec un corps considérable de cavalerie et d'infanterie, entrèrent en Franche-Comté, attaquèrent et prirent Jonvelle. De là le premier se dirigea sur Scey-sur-Saône, et le second sur Champlitte par Cemboing; à son approche, une partie des habitants se sauva dans les bois, et l'autre se retira avec le curé à l'église, croyant y trouver un asile. Grancey dresse une batterie contre la tour de l'église, la canonne, force les habitants à se rendre, les emmène prisonniers, et part pour Chauvirey (21 septembre 1641) [2].

---

[1] GIRARDOT, p. 212.
[2] On lit sur la couverture du plus ancien registre des bap-

On ne sait pas ce que devint le curé, François Roux; mais il paraît qu'il revint dans sa paroisse et vécut encore quelques années ; ce ne fut que le 3 juin 1649 que Claude d'Achey, archevêque de Besançon, nomma curé de Cemboing Antoine Bouhélier, qui mourut dix-huit mois après.

Les désastres de cette triste époque laissèrent de profonds souvenirs chez les habitants de Cemboing. Un des derniers témoins de ces calamités, une femme âgée de dix ans au commencement de la guerre, et qui vécut encore soixante-six ans après, racontait avec feu aux enfants et aux jeunes gens qui se rassemblaient autour d'elle, comment le village avait été ravagé par la peste, par la famine, pillé, rançonné par les

---

têmes ces mots : *Comes à Grancey expugnavit tormento bellico turrim ecclesiæ de Cemboing 1641, vigesimâ primâ septembris, et captivos duxit ferè omnes incolas.* On lit encore dans ce même registre que Cemboing fut le théâtre et la victime d'incendies, de calamités pendant ces guerres : *Incendia et calamitates præteritorum bellorum.* C'est le curé nommé en 1651, témoin oculaire et auriculaire, qui y a consigné ces faits.

ennemis, par les troupes envoyées pour défendre le pays, comment il avait été mis à feu et à sang par Turenne, par Grancey ; elle rapportait des traits de dévouement touchants, d'émouvants épisodes. Ces enfants les ont racontés à leurs enfants, qui étaient des vieillards lors de mon entrée dans la paroisse, et c'est de ceux-ci que je les tiens.

Nicolas Courtot, de Chauvirey-le-Vieil, fut nommé à la cure de Cemboing le 21 mars 1651, par l'archevêque de Besançon. Il ne trouva ni registres, ni manuscrits, ni archives publiques; tout avait disparu ; il a constaté ce fait en tête de deux registres qu'il fit, l'un pour les baptêmes, l'autre pour les mariages et les sépultures ; il les dédia à Dieu très grand et très bon, *Deo optimo maximo*, et à Marie Vierge et Mère, *Virgini Mariæ Matri* [1]. Il s'informa auprès des parents qui avaient eu des enfants pendant les guerres s'ils les avaient fait bapti-

---

[1] Il signa la dédicace des deux registres, en ajoutant à son nom : *humble recteur, pasteur, prêtre indigne: humilis rector, pastor, presbyter indignus.*

ser ; il trouva quelques feuilles volantes laissées par son prédécesseur ; c'est sur ces témoignages qu'il attesta et inscrivit sur les registres le baptême des enfants nés depuis dix-sept ans; le nombre se montait au plus à quarante. Il ne faut pas être surpris de son zèle pour la tenue des registres ; ils étaient très importants pour les familles et pour la religion, puisqu'il n'y en avait pas d'autres. Il prépara au sacrement de confirmation ceux de ses paroissiens qui ne l'avaient pas reçu. Depuis vingt ans on ne l'avait pas administré dans le pays. L'archevêque Claude d'Achey vint à Jussey le 16 juillet 1654 le conférer à un grand nombre de fidèles. Cent vingt personnes de Cemboing le reçurent ; leurs noms et ceux de leurs parrains sont sur les registres [1]. Nicolas Courtot, usé par les travaux du saint ministère, résigna sa cure à son neveu, Jacques Courtot, qui fut nommé par l'ordinaire du diocèse le 17 décembre 1672, et mourut le 25 mars 1677 [2].

---

[1] Registres de la paroisse.
[2] Idem.

Cependant le seigneur de Cemboing laissa la seigneurie à son fils en 1656 et ne mourut qu'en 1661. Ce fils, Jérôme-Balthazar, était chevalier, baron, seigneur de Cemboing et comte de Deuilly; il épousa Elisabeth de la Fontaine; il fut lieutenant-colonel pour le roi d'Espagne, et député pour la noblesse aux états de Bourgogne en 1657. Il s'entendit avec le curé pour construire un nouveau presbytère, l'ancien ayant été détruit pendant les guerres; ils posèrent la première pierre, sur laquelle ils firent graver l'inscription suivante : *M. le curé et M. le baron m'a pausée* [1]. L'épouse de Jérôme-Balthazar de Cemboing fut en 1696 marraine d'une cloche qui existe encore à Aboncourt; on y grava cette inscription : *Haute et puissante dame Elisabeth de la Fontaine, baronne de Cemboing, dame d'Aboncourt et de Gesincourt.* Son nom précède celui du parrain, *noble Claude-Etienne Clerc, seigneur de Neurey,* celui-ci étant de moins haute extraction.

[1] En 1856, lorsqu'on démolit l'angle de l'étable de la cure actuelle, on trouva cette pierre avec l'inscription bien conservée ; je l'ai fait remettre à la même place.

La Franche-Comté venait d'être réunie à la France (1674). Dix-sept ans après, Louvois, ministre de Louis XIV, envoya à Jussey Lesprit, son secrétaire intime, pour revendiquer les terres incultes, qui étaient censées abandonnées; les habitants ayant fait une vive opposition, ils furent sommés de montrer leurs titres. Pendant ces débats, Lesprit se rendit à Cemboing pour faire reconnaître les droits qu'avait eus sur le village le roi d'Espagne, et qui, par droit de conquête, appartenaient à Louis XIV. Ces droits furent reconnus sans difficulté ; c'étaient à peu près les mêmes qu'en 1632 ; au lieu de quatorze familles sur lesquelles le roi avait justice basse, moyenne et haute, il n'y en avait plus que dix ; elles ne devaient plus que deux corvées, estimées et payées en argent, ainsi que les tailles et les poules ; les veuves n'en payaient que la moitié. Hugues Cassin, notaire royal et juge à Cemboing, exerçait alors cette *tierce* justice et percevait les redevances du roi; il fut chargé de ces fonctions jusqu'à sa mort, arrivée en 1731.

Le baron de Cemboing, qui avait reconnu

les droits de Louis XIV sur Cemboing, vécut encore treize ans ; il fut inhumé le 17 février 1705, dans sa chapelle seigneuriale. Le curé lui survécut deux ans. Un prêtre, du nom de Cordier, administra la paroisse pendant un an; la cure ayant été, pour la première fois, mise au concours, selon la discipline établie par le concile de Trente, Desle-Pierre Friquet s'y présenta, et fut nommé curé le 13 octobre 1708 [1].

[1] Registres de la paroisse.

CHAPITRE IV.

Charles Henry. — Son caractère. — De Bologne. — Passion.
— Athalin.

Charles Henry de Cultz, né en 1669, succéda à son père un an avant la mort de celui-ci (1704). Il était chevalier, comte de Deuilly, baron de Cemboing, et épousa Anne-Florence d'Anglare, de Coublans. Le nouveau baron, d'un caractère doux et pacifique, ayant été appelé au service militaire à l'occasion de la guerre qu'alluma la double élection d'un roi de Pologne en 1733, fit tant d'observations et montra de si vives répugnances, qu'on les prit pour un refus. On n'insista plus; mais, par ordre de Louis XV, on lui infligea pour punition d'avoir à faire murer les fenêtres de son château tournées au midi; il se soumit et plaisantait sur cette disgrâce : *Si je ne suis pas allé à la guerre,* disait-il, *c'est que j'ai peur du ca-*

non; il fait mal. Charitable et affable, il visitait souvent les habitants ; il leur parlait *patois;* lorsqu'il croyait les pauvres et les ouvriers absents de leur chaumière, il y entrait et mettait dans leur pot au feu un morceau de lard, dont il avait soin de garnir une poche de son habit, faite en cuir. *C'est notre bon comte qui est venu chez nous,* disaient les pauvres en découvrant leur pot au feu. Le baron était pieux ; il donna (1716) les revenus d'une maison à la chapelle de Sainte-Catherine. Déjà il y avait fondé une basse messe tous les samedis ; cette messe était suivie de l'antienne à la Vierge et de la bénédiction du saint Sacrement. Il se montra généreux envers les Capucins de Jussey ; ils n'avaient que de l'eau de citerne, qui leur manquait souvent en été, et ils étaient alors obligés de descendre à la ville pour s'en procurer. Le baron de Cemboing leur fit creuser un puits très profond, qui existe encore ; une inscription gravée sur les margelles fait connaître qu'il est dû à sa munificence. Il mourut le 15 octobre 1749, et son corps fut inhumé dans la chapelle seigneuriale. On lit sur sa tombe : « Ici repose le

» corps de haut et puissant seigneur messire
» Charles-Henry de Cultz, seigneur baron de
» Cemboing, Ray, Vy-lez-Lure et autres lieux,
» que sa piété, sa sagesse ont encore plus illus-
» tré que l'antiquité et la noblesse de sa fa-
» mille. Sa mémoire est en bénédiction ; il est
» décédé en âge et enrichi de mérites. Qu'il
» repose en paix (1) ! »

Il avait promis aux Capucins de Jussey sa bibliothèque, qui était très considérable ; mais son épouse ne leur en donna qu'une partie, vingt volumes in-folio et soixante-quatre in-12 ; elle les dédommagea par des libéralités, et elle conserva au château le restant de la bibliothèque, dont elle disposa en faveur de Légier, de Jussey. Le 27 septembre 1751, cette dame fit au château de Cemboing le dénombrement de ses droits sur Raincourt et Betaucourt ; ils consistaient à prendre pour son chauffage du bois dans les forêts de ces deux communes, et à avoir la langue de toutes les bêtes *rouges*

---

(1) Sa tombe est dans la nef latérale, en face et près de la chapelle de Saint-Roch.

qu'on y abattait; elle mourut trois ans après le comte et fut inhumée auprès de lui [1].

La succession de la seigneurie de Cemboing échut à leur petit-fils et héritier Charles-Camille Capisuchy de Bologne, marquis de Bonnecou, baron d'Ecoz, seigneur de Cemboing et autres lieux, chevalier de l'ordre militaire de Saint-Louis, ancien capitaine de carabiniers. Son premier soin fut de terminer à l'amiable les difficultés sans cesse renaissantes pour son chauffage; il fit avec la commune une transaction, qui fut reçue par le notaire Robin le 17 février 1753. La commune cédait au seigneur en toute propriété le bois de Demongeot et le pré de Vaurompré, *avec foin et regain,* et un demi-arpent de bois à prendre, à son choix, sur *l'assiette* annuelle. Le seigneur cédait à la commune sa portion du bois de Lignère, et déchargeait les habitants de *tout affouage* pour ses fours banaux, et abandonnait ses droits de lods, consentement, scellés [2].

[1] Archives de Raincourt.
[2] Archives de Cemboing.

L'année suivante (1754), il fut obligé de faire un état des droits du roi sur Cemboing ; il les avoua et les reconnut tels qu'en 1691. Mais il eut bien soin de constater que les dix familles sur lesquelles le roi avait basse, moyenne et haute justice, droit de corvée, taille, lui devaient, à lui seigueur, chacune deux quartes d'avoine, et les veuves une, et étaient obligées de cuire leur pain dans ses fours banaux, et que tous les autres habitants lui appartenaient et ne devaient aucune prestation à Sa Majesté (1). Six ans plus tard, il fut assigné par-devant la maîtrise de Vesoul, pour être obligé de baisser les écluses et les empêlements de son moulin, de telle sorte qu'à dire d'experts les eaux ne puissent nuire à la prairie. De là nomination d'un géomètre pour lever les plans de son moulin et de celui de Jussey, et descente de lieux, en présence des habitants de Cemboing, des officiers municipaux de Jussey et des autres particuliers intéressés (1762) (2).

(1) Archives de M. Levain.
(2) Idem.

De Bologne mourut en 1777; mais depuis longtemps il avait laissé à son fils Christophe de Bologne la seigneurie de Cemboing; et celui-ci, du consentement de son père, la céda vers 1768 à Nicolas de Serrey, chevalier de Saint-Louis, ancien capitaine d'infanterie au régiment de Lorraine. Le nouveau seigneur n'ayant pas fait dans le temps voulu *l'aveu et le dénombrement* de sa seigneurie de Cemboing, la cour des comptes de Dole le pressa d'accomplir cette formalité; mais il n'y consentit que lorsque la transaction de 1753 entre les habitants de Cemboing et le marquis de Bologne eut été homologuée dans les formes prescrites par le roi. La seigneurie, quinze ans plus tard, passa à Piétrequin de Prangey, descendant de la famille de Philibert Piétrequin, conseiller du roi et lieutenant au siége présidial de Langres, qui se retira dans sa terre de Gilley (Haute-Marne), où il mena une vie édifiante, se montra le bienfaiteur des pauvres, composa plusieurs ouvrages pieux, et mourut en 1718 [1]. Les

---

[1] *Histoire du Fays-Billot*, p. 259.

Piétrequin de Prangey furent les derniers seigneurs de Cemboing.

Desle-Pierre Friquet, curé, à la demande de ses paroissiens, transigea pour la *gerbe de passion*, moyennant trente-six livres, et dix-huit pour le droit de parcours : c'était le droit de faire paître une génisse ou deux dans la prairie, sans les laisser dans le même endroit ; droit plus préjudiciable que profitable, et qui ne pouvait qu'amener des conflits toujours regrettables entre le curé et ses paroissiens [1]. Parvenu à l'âge de quatre-vingt-deux ans, il demanda un vicaire ; on lui donna Eugène Berthod, de Chemaudin, qui sut gagner la confiance du pasteur et des paroissiens. Aussi le curé lui résigna sa cure, après l'avoir occupée pendant soixante ans, en vécut encore cinq, et mourut le 19 avril 1772. On l'inhuma dans le sanctuaire de l'église.

Dix ans plus tard, mourait à Besançon Claude-François Athalin ; il était né à Cemboing le 10 mars 1701, de Claude Athalin et de Fran-

[1] Archives de la commune.

çoise Parisot; il montra de l'inclination pour la médecine, dirigea ses études vers cette science, suivit avec distinction les cours de la Faculté de médecine de Besançon, et devint membre de l'Académie, professeur à l'Université, et plus tard doyen. Il épousa Marguerite Chapoutot, de Besançon, fixa sa résidence dans cette ville, s'y fit une nombreuse et honorable clientèle et fut le médecin du cardinal de Choiseul (1). Il eut cinq enfants; il les vit tous occuper des positions honorables : le premier fut avocat au parlement de Besançon, et, après la chute du parlement, avocat général au conseil souverain de Colmar ; le second, capitaine; le troisième, prêtre, docteur et chanoine de la métropole; une fille, religieuse à l'hôpital de

---

(1) On lui doit deux petits ouvrages sur la médecine; une lettre à un médecin au sujet d'une observation rare et intéressante sur des accidents funestes survenus seulement au bout de cinquante jours, ensuite d'un coup reçu à la tête, qui n'avait occasionné aucun accident primitif; puis un traité d'éléments d'anatomie, sous ce titre : *Institutiones anatomiæ per placita ad responsiones*. Il y en eut deux éditions imprimées sous ses yeux, en un vol. in-8°. La première parut en 1735, et la seconde en 1756. (*Biographie*, article Athalin.)

Besançon, et une autre qui épousa un nommé Laurent, de cette ville (1).

Athalin avait une maison de campagne à Cussey, où il allait passer les vacances avec ses enfants, ses petits-enfants et ses amis ; il y réunit un jour toute sa famille pour lui partager ses biens à l'amiable et lui éviter toute contestation après sa mort. Doué d'une foi vive, il pratiquait exactement les devoirs de la religion, et se résignait à la volonté de Dieu dans ses longues et nombreuses infirmités : « Dieu ne m'a jamais abandonné ; je n'ai qu'un seul regret, celui de ne pouvoir assister à la sainte messe ; j'ai eu le bonheur de l'entendre aujourd'hui, en me rendant à l'église, appuyé sur le bras d'un de mes enfants. » Voilà ce qu'on lit dans les lettres qu'il écrivait à son neveu Barthélemy, notaire à Jussey (2). C'est dans ces sentiments qu'il rendit son âme à Dieu le 15 mai 1782.

(1) Archives de M. Levain.
(2) Idem.

CHAPITRE V.

Berthod. — Confréries. — Désordres. — Eglise. — Mairet et Reuchet. — Nouvelle municipalité. — Son esprit. — Constitution civile du clergé.

Eugène Berthod, devenu curé de Cemboing le 13 août 1767, mit ses premiers soins à réviser les statuts, tombés en désuétude, de la confrérie de l'Immaculée Conception, et à en faire d'autres selon les besoins du moment, de concert avec les confrères. Il établit ensuite la confrérie de Sainte-Barbe, qui fut approuvée par le cardinal de Choiseul et canoniquement érigée par une bulle de Clément XIV, le 21 juin 1773. La veille des fêtes de ces confréries, un capucin de Jussey venait entendre les confessions. Ces associations avaient pour but de faire fréquenter les sacrements, d'entretenir l'union entre leurs membres et d'apaiser à l'amiable leurs différends.

Il montra beaucoup de zèle, mais un zèle prudent, pour réprimer des désordres qui s'élevèrent dans sa paroisse, comme il s'en élève de temps à autre dans les meilleures. Au commencement de l'année 1776, des libertins se mirent à fréquenter les cabarets pendant la nuit, à voler des poules et à parcourir les rues en chantant de mauvaises chansons, proférant des blasphèmes et tirant des coups de pistolet ; ils brisèrent plusieurs fois des fenêtres de l'église pour épouvanter les assistants ; ils forcèrent à plusieurs reprises la porte du clocher ; et le premier dimanche de mai, pendant que les filles et les femmes étaient à la conférence, ils lancèrent du clocher une pierre sur l'une d'elles, qui faillit en perdre la vie.

Le curé les avertit en particulier, les reprit en public, mais inutilement ; alors il porta ses plaintes à Barthélemy, procureur fiscal de la justice de Cemboing, sans nommer personne ni dire le moindre mot de la négligence des échevins. Ces désordres cessèrent, mais pour recommencer trois ans plus tard ; ils étaient toujours occasionnés par la fréquentation des cabarets. Le greffier de la justice, Detroye, en avertit le procureur fiscal et le pria d'écrire aux échevins de faire leur devoir, sinon de les menacer de faire connaître leur négligence au procureur général (1).

Pendant que ces choses se passaient, le curé, les échevins, les habitants, se concertaient pour bâtir une église ; l'ancienne était sans style, humide, insuffisante pour la population, et dans un état de vétusté aggravé par les secousses que lui avaient données les boulets lancés contre le clocher en 1641, et dont on voyait les traces ; enfin elle menaçait ruine. Il fut décidé qu'on la démolirait et qu'on en construirait une autre. On demanda à M. de Serrey, seigneur, la permission de graver son nom, ses qualités et ses armes sur la première pierre, et en même temps de démolir la chapelle seigneuriale, dont l'emplacement était nécessaire pour la nouvelle église. Il refusa l'un et l'autre (1778), prétendant qu'en renversant la chapelle on troublerait les restes des comtes

---

(1) Archives de M. Levain.

de Deuilly, et que graver son nom sur la première pierre *sentait la vanité*. Cependant, sur la demande réitérée de la commune, il consentit à la démolition de sa chapelle, et fit la concession du terrain qu'elle occupait. Mais plus tard il demanda qu'on lui bâtît une chapelle, ou qu'on payât la place de celle qu'on avait démolie, menaçant la commune de faire examiner et valoir ses droits, et de se montrer moins facile à l'avenir. La commune ne fit attention ni à sa demande ni à ses menaces, et, *pour rester en paix*, ce seigneur ne poussa pas plus loin ses réclamations [1].

La commune éprouva des difficultés plus sérieuses de la part du prieur de Saint-Marcel, Alexandre Colbert, dont le neveu fut nommé à l'évêché de Rodez en 1781. Elle lui exposa que l'église paroissiale tombant de vétusté, étant humide et de plus insuffisante pour la population, on avait arrêté le projet d'en construire une nouvelle ; elle ajoutait que le chœur ancien ne pouvait être conservé, attendu qu'il

---

[1] Archives de M. Levain.

ne serait nullement en rapport avec le reste de l'édifice, et qu'en le laissant subsister on serait obligé de prendre plus de la moitié de la rue devant l'église, ce qui ne pouvait se faire ; enfin elle l'avertissait qu'en sa qualité de décimateur des terres de Cemboing, le chœur devait être construit entièrement à ses frais, aux termes de l'édit de 1695.

Le prieur refusa d'obtempérer à cette requête ; il prétendit que le chœur existant était solide, et n'avait pas besoin d'être reconstruit ; qu'en donnant moins d'élévation aux voûtes, on ferait disparaître la disproportion du chœur avec l'ensemble du vaisseau ; il ajouta enfin que si l'on ne voulait pas anticiper sur la rue, tout en rendant l'église suffisante pour la population, il fallait donner moins de longueur et plus de largeur à l'édifice. La commune n'admit pas de semblables raisons ; elle représenta que les moyens proposés étaient contraires aux règles de l'architecture, et que l'église serait manquée si on les adoptait ; elle fit en conséquence traduire le prieur au bailliage de Vesoul, et celui-ci y fut condamné le 11 janvier 1779. Cette sentence lui fut signifiée, et la commune, au mois de septembre suivant, fit saisir et vendre ses denrées. Mais, arrivé à ce point, il se décida à s'arranger à l'amiable, et, le 26 mai 1781, il offrit à la commune 1,000 fr. par an, s'engageant à payer sa quote-part de la construction de l'église d'après l'estimation du devis ; mais il refusa d'entrer dans la dépense qu'on voulait faire pour la décoration de l'église et du chœur. La commune accepta son offre (1). Déjà elle s'était procuré les fonds nécessaires par la vente d'une portion de ses bois (2).

Pendant la démolition de la vieille église, le clocher, dans sa chute, écrasa un ouvrier. La première pierre de la nouvelle fut posée à l'angle du côté du presbytère actuel, et bénite le 11 juin 1780; la dernière, une corniche du clocher, fut placée le 27 septembre 1782, et le 15 juin 1783, le curé fit la bénédiction de l'é-

---

(1) Ce prieur mourut en 1782, après avoir payé les trois premiers termes de la construction du chœur. Son successeur, Jouffroy d'Abbans, fut forcé de payer le dernier.

(2) Archives de M. Levain.

glise [1]. Il montra beaucoup d'activité pour la construction et la solidité de l'église ; il surveillait exactement les ouvriers, contrôlait les matériaux. On lui tendit des piéges, auxquels il échappa.

Une maladie épidémique apportée de Paris à Cemboing, en novembre 1785, y sévit pendant six mois ; elle enleva quarante habitants, tous adultes et pour la plupart chefs de famille. Le curé se dévoua pour ses paroissiens, et fut le dernier frappé par l'épidémie ; le 1er mai 1786, il mourut victime de son zèle et de sa charité. Son corps fut inhumé dans le chœur de l'église qu'il avait fait bâtir ; sa tombe est au pied du pilastre de l'entrée du chœur, du côté de l'épître. Dans le cours de cette épidémie, on invoqua la protection de saint Roch par des processions et des messes en son honneur : on vit des effets bien marqués de son intercession. Depuis, on l'invoque avec confiance et on solennise sa fête le 16 août, presque avec autant de pompe que celle de l'Assomption.

[1] Archives de la commune.

Aussitôt après la mort du curé, l'archevêque nomma pour desservir la paroisse, un capucin de Jussey, le Père Odilon, et mit au concours la cure de Cemboing. Louis Reuchet s'y présenta et l'obtint; il était né à Frotey le 31 septembre 1740 et était prêtre depuis le 19 septembre 1767. Jouffroy d'Abbans, prieur de Saint-Marcel, ressuscitant le droit de patronage aboli par le concile de Trente, et dont ses prédécesseurs n'avaient plus usé depuis 1638, nomma à la cure de Cemboing, François Mairet, le 14 novembre 1786. De là, entre l'archevêque et le prieur, un procès qui eut un grand retentissement dans le diocèse. Si la décision rendue était favorable à l'autorité diocésaine, il en devait résulter la mise au concours d'une foule de cures, dont le patronage était encore exercé par des particuliers et par des couvents ; l'Ordinaire recouvrait alors la faculté et le pouvoir d'y mettre des prêtres capables et dépendant de son autorité. Aussi, pour obtenir ce résultat, mit-il tout en œuvre : avis, consultations, mémoires imprimés. De son côté, le prieur ne négligea rien pour soutenir ses prétentions. Mais le parlement de Besançon donna gain de cause à l'archevêque (1), en se fondant sur la discipline du concile de Trente, publié dans le diocèse, et sur les avantages immenses de cette discipline pour le bien de la religion (2).

Louis Reuchet prit possession de la cure le 1er septembre 1787; il gagna la confiance de ses paroissiens, à ce point que, lorsqu'ils s'assemblèrent, le 9 septembre 1789, pour destituer le procureur des deniers publics et élire en son remplacement un comité d'administration composé de cinq membres, ils choisirent, à l'unanimité, leur curé pour présider l'assemblée ; de plus, ils voulurent qu'à l'avenir il fût le président de toutes les assemblées qui se tiendraient et le prièrent de veiller aux intérêts de la commune avec le comité et les échevins. En vertu d'une nouvelle loi, les habitants devaient nommer un *maire* et

(1) Archives de Vesoul.
(2) Le parlement recommanda à la bienveillance de l'archevêque François Mairet, qui fut presque aussitôt nommé à la cure de Saint-Loup-lez-Gray ; et après le concordat il eut celle de Montigny-lez-Cherlieu, où il mourut en 1823.

cinq municipaux ; ils se réunirent le 1er février 1790, donnèrent encore la présidence à leur curé et nommèrent maire un homme très religieux, Jean-François Detroye, qui fut remplacé par Claude-François Brandin lorsqu'en 1791 on renouvela en partie la première municipalité (1). La municipalité se montra animée d'un esprit très religieux. Dans le courant de la première année de sa gestion, elle demanda que *l'image de l'Assomption de la sainte Vierge, leur dame et patronne*, fût gravée sur le cachet que la commune devait se procurer (26 avril) ; le 2 juin suivant, elle votait des fonds pour rendre plus solennelles les trois processions de la Fête-Dieu ; le 10 août, elle choisissait pour sergent garde de police, Nicolas Vernier, parce qu'il était très attaché à *la religion catholique, apostolique et romaine ;* elle enjoignait à la *maîtresse d'école* d'orner les autels, de faire la conférence et d'apprendre le catéchisme aux enfants (2).

La municipalité soutint avec zèle les intérêts

(1) Archives de la commune.
(2) Idem.

de la commune et des habitants ; elle refusa au seigneur les deux quartes d'avoine par ménage, le demi-arpent de bois par *assiette* et la banalité des fours, qu'il réclamait. Elle prit une délibération pour révoquer la transaction faite avec le seigneur en 1753, et rentrer en possession du bois de Demongeot et du pré de Vaurompré. De là, en 1790, un procès qui exigea de grands sacrifices et que la commune gagna au tribunal de Vesoul le 11 novembre 1792, en vertu de la loi du 28 août précédent, qui abolissait les droits féodaux [1].

Ayant reçu du département l'ordre d'inviter le curé à lire en chaire le mandement de M. Flavigny, évêque constitutionnel de la Haute-Saône, la commune éprouva un refus

---

(1) Registre des délibérations. En 1804, les héritiers du seigneur appelèrent de ce procès à Besançon ; mais leur appel fut rejeté. En 1810, Claude-Joseph Girault, marié en 1803 à une des descendantes des derniers seigneurs de Cemboing, Reine Piétrequin de Prangey, intenta un procès à la commune, pour lui faire rendre le bois de Demongeot et le pré de Vaurompré ; mais il le perdit en cour d'appel au mois de février 1811. Depuis, la commune n'a plus été inquiétée pour ce bois et ce pré. (Archives de la commune.)

de la part du curé, et en rédigea un procès-verbal, dans lequel elle eut soin d'insérer que ce refus avait été dicté par la conscience du curé, dont elle connaissait *les vertus religieuses, la bienfaisance envers les pauvres, l'exactitude au service divin, à l'instruction des enfants et de la jeunesse.* Cependant le curé fut dénoncé par un de ses paroissiens comme coupable d'*incivisme*, mot qui, dans le jargon révolutionnaire, signifiait opposé au gouvernement; cet homme, par ses manœuvres, parvint à faire signer cette dénonciation à sept autres habitants de la commune; mais, dès que ceux-ci eurent connaissance du sens exact de cette pièce, ils se rendirent à la municipalité pour faire leur rétractation, et la firent transcrire sur les registres des délibérations (27 septembre 1792). On trouve dans cette déclaration, revêtue de leur signature, l'éloge du curé et la promesse de soutenir par serment devant tout tribunal que c'était sous le coup de menaces et sans l'avoir lue qu'ils avaient signé cette dénonciation [1].

[1] Registre des délibérations.

Le curé, ayant refusé de prêter serment à la constitution civile du clergé, fut obligé de quitter sa paroisse et partit pour l'exil le 1ᵉʳ janvier 1793. Ses paroissiens étaient dans la désolation ; il cherchait à les consoler en leur disant que son exil ne serait pas long, et qu'il leur laissait son neveu, Charbonnier, religieux, et qu'il espérait qu'ils l'écouteraient. Mais ce neveu, fidèle à son devoir, refusa aussi de prêter serment et fut de même obligé de partir pour l'exil. Un prêtre intrus s'empara alors de la cure de Cemboing.

TROISIÈME PARTIE.

ÉMANCIPATION DE LA COMMUNE.

CHAPITRE PREMIER.

Intrus. — Nouvelle municipalité. — Ses actes. — Interdiction du culte. — Incidents. — Detroye.

L'abolition des droits seigneuriaux, des transactions et des concessions faites avec les seigneurs et en leur faveur, les violences de la Terreur, l'interdiction du culte et l'intrusion d'un curé, étaient plus que suffisants pour inaugurer la liberté. Ce prêtre intrus était Jean-Claude Ponsard, de Port-sur-Saône; il fut envoyé comme curé par l'évêque de la Haute-Saône, Flavigny, et le 2 février 1793 il fut installé par la municipalité, qui lui fit prêter publiquement, avant la messe, le serment de *veiller soigneusement sur les fidèles confiés à ses soins, d'être fidèle à la nation et à la loi, et de maintenir de tout son pouvoir la constitution décrétée par l'Assemblée nationale et la Convention.* C'était renoncer au pape, à la religion catholique, à Dieu. Après ce serment impie, il ne craignit pas de monter à l'autel et de célébrer la sainte messe. N'ayant aucune juridiction régulière, il ne pouvait validement confesser ni marier. Il fut méprisé par les habitants attachés à la religion catholique, et peu estimé du petit nombre de ceux qui semblaient le reconnaître pour leur pasteur. Il ne l'ignorait pas et s'en plaignait. Il ne resta qu'un an à Cemboing (1).

Le curé Reuchet, apprenant que ses paroissiens étaient entre les mains d'un mercenaire, adressa de suite une requête au directoire du département, pour être autorisé à rentrer dans sa paroisse; elle fut prise en considération et renvoyée au conseil de la commune le 13 février 1793. Ce conseil allait cesser ses fonctions;

(1) Registre des délibérations.

un autre fut nommé le 10 mars suivant. Il était composé d'un *maire*, Jean-Baptiste Mathelat, d'un *agent* chargé de percevoir les deniers communaux, de cinq officiers *municipaux* et de douze *notables*, formant ensemble le *conseil général de la commune*. Ce fut ce conseil qui répondit au directoire sur la demande de Reuchet, le 7 avril. A l'unanimité de quinze membres présents, il déclara « qu'il était à la con-
» naissance de tous les habitants de Cemboing
» que le *citoyen Reuchet*, *ci-devant curé*, a
» donné des preuves de son attachement aux
» lois, qu'il en a toujours recommandé l'ob-
» servation, qu'il a toujours prêché la paix
» et l'union, qu'il s'est toujours comporté en
» digne prêtre, et qu'il n'y a eu aucun désor-
» dre dans la paroisse tout le temps qu'il l'a
» administrée. » La requête du curé et la réponse du conseil restèrent sans effet; on exigeait toujours le serment constitutionnel; le curé devait le refuser et le refusa. Toujours plein d'inquiétude pour ses paroissiens, il revint pourtant en secret à Cemboing, au mois de décembre 1795. Mais, témoin que les se-

cours religieux ne manquaient pas à ses chers paroissiens, et instruit des peines terribles auxquelles il exposait ceux qui lui donnaient asile, et lui-même s'il venait à être connu et arrêté, il quitta encore la paroisse. Deux mois après, il fut pris et déporté à Rochefort (1).

Ce qui fut bien avantageux pour la commune pendant la Terreur, c'est que son conseil fut animé d'un esprit de paix et de zèle pour le bien. Il fit faire exactement la police ; afin d'empêcher les vols de récoltes, il fixa des heures avant et après lesquelles il était défendu de se trouver dans les champs ; il fit délimiter les propriétés communales pour empêcher les empiétements ; il nomma des gardes actifs, pour préserver les bois et la campagne de dilapidation ; il répartit avec justice les contingents en hommes, en voitures, viande, blé, vin, linge, etc., à fournir pour les hôpitaux de la nation. Lorsqu'il reçut l'ordre donné par la Convention de désarmer les *suspects*, il s'assembla le 19 mai 1793 et déclara, à l'unanimité, qu'il ne *connais-*

(1) Registre des délibérations.

sait dans la commune aucun suspect d'après la loi. Il fut forcé, par deux décrets de la même année, de choisir et louer une *maison saine et commode pour y enfermer les suspects*. Cette maison ne reçut aucun prisonnier (1).

En réjouissance de *l'union qui existait dans la commune, et pour l'entretenir,* le conseil fit faire une fête *civique,* qui fut terminée par un banquet auquel prirent part tous les habitants. Cette fête et ce banquet eurent lieu le 21 octobre 1793, dans le parc du château, et coûtèrent trois cents francs, qui furent payés par le procureur, *comme tous les citoyens et les citoyennes en étaient convenus* (2). Le même mois, le conseil assemblé prit une délibération pour partager les communaux entre les habitants, en vertu de l'autorisation donnée par la Convention. On nomma un géomètre de *Marcel-Libre* (Saint-Marcel) et deux autres individus pour partager les communaux en *autant de portions égales qu'il y avait d'habitants à Cemboing.* Ce

---

(1) Registre des délibérations.
(2) Idem.

partage eut lieu l'année suivante, mais verbalement ; les formalités prescrites par la loi ne furent pas remplies (1).

Pendant ce temps, Philippe, de Jussey, envoyé par le district en qualité de *sous-commissaire*, vint à Cemboing (1ᵉʳ janvier 1794) pour faire exécuter le décret du comité de salut public portant qu'il n'y aurait qu'une cloche dans chaque paroisse; il somma le conseil d'en faire descendre une du clocher, et s'empara de celle appartenant au *ci-devant château, et qui se trouvait dans la chapelle où on disait ci-devant la messe, et appelant à la messe les citoyens qui n'avaient pas pu assister aux autres.* Il les fit conduire à Vesoul, pour être converties en canons (2). Ce fut cette même année que le culte divin fut proscrit dans toute la France ; cette proscription fut renouvelée l'année suivante par une loi du mois de septembre. Alors l'église de Cemboing fut fermée : les vases et ornements sacrés furent emportés

---

(1) Registre des délibérations.
(2) Idem.

au district de Jussey, vendus, lacérés, brûlés ou fondus ; la cure et ses biens furent vendus ; mais on démonta et on cacha les croix plantées dans les rues et à l'entrée du village.

Dans ces temps de terreur et de bouleversements, la tranquillité publique ne fut guère troublée à Cemboing, grâce au bon esprit des habitants et au zèle de la municipalité. Cependant quelques individus embrassèrent les idées du temps, et se firent remarquer par leur conduite révolutionnaire. Ainsi, le dénonciateur du curé ferma lui-même les portes de l'église et monta la rue en brandissant les clefs, comme pour se faire gloire de son triste exploit. Des individus brisèrent plusieurs fois quelques fenêtres des maisons de ceux qu'on appelait *aristocrates*, et les firent contribuer par quelques repas. Plusieurs, entraînés par des habitants de Bourbévelle, se jetèrent sur le château et en dévastèrent le colombier. On parle de quatre ou cinq individus qui, dans un moment de vertige, allèrent à l'église de Blondefontaine et s'y battirent à coups de chandeliers, qu'ils prirent sur les autels. On n'a pas encore oublié le trait de ce malheureux qui, ayant acheté une chape à Jussey, s'en revint à cheval, couvert de cet ornement sacré. On raconte que, lorsque l'arbre de la liberté fut planté, on alla chercher, pour le lui faire baiser, le curé de Mollans, retiré à Cemboing; comme il avait la goutte, on le porta auprès de cet arbre, contre lequel un individu eut la cruauté de lui pousser la tête. « Mes amis, leur dit ce prêtre, voilà ce que vous me voulez ; eh bien ! maintenant, reportez-moi à mon logement ; je ne puis pas marcher. » Ce langage, si plein de calme et de bonté, dut toucher ces insensés.

Jean-François Detroye, natif de Cemboing, vicaire à Bourbonne, curé à Mollans, fut obligé, comme tous les prêtres fidèles à leur devoir, de quitter sa paroisse, et se retira dans son village natal ; à cause de son âge, il fut exempt de prêter le serment. Il administrait les sacrements à Cemboing, et continuait de prendre le titre de curé de Mollans ; il fut cité pour ce fait au tribunal du district de Jussey, le 31 janvier 1792, avec quatre religieux qui se donnaient le titre de religieux (1). Tous furent absous, moyennant la radiation de ces titres et la défense de les prendre. Le lendemain, la municipalité de Jussey s'assembla, et protesta contre ce jugement, en accusant *l'homme public de trahison ;* elle en appela au directoire de Vesoul pour faire casser ce jugement et *faire appliquer dans toute sa rigueur la loi à ces prêtres réfractaires, coalisés pour renverser la république, exciter de nouveaux troubles, rallumer les torches du fanatisme et aigiser* (sic) *les poignards des préjugés et de la corruption.* Le directoire, plus calme, refusa *d'homologuer* cette délibération, après avoir *examiné le jugement incriminé* et entendu *le syndic procureur général* (2).

Le curé de Mollans ne signa plus ses actes sous le titre de *curé* de Mollans, mais de *prêtre catholique,* en témoignage de sa foi. Aussi, lorsque, le 25 thermidor, il se présenta devant

(1) Un de ces quatre religieux était M. Laillet, de Jussey, bénédictin, curé de Jonvelle, puis de Rioz, où il est resté jusqu'en 1836, époque de sa mort; j'ai été en 1825 le vicaire de ce saint prêtre.
(2) Archives de Vesoul.

le maire pour promettre fidélité à la constitution de l'an VII, il eut soin de constater sur les registres, avant de signer sa promesse, qu'il ne la faisait que parce que le gouvernement avait déclaré et fait insérer dans le journal officiel que la *promesse de fidélité était un acte purement civil, et qu'il entendait ne gêner en rien les opinions religieuses* (1).

Plusieurs autres prêtres venaient à Cemboing dire la messe et administrer les sacrements, toujours en secret et la nuit, et dans les maisons des habitants connus pour leur attachement à la religion ; ces prêtres et ces fidèles s'exposaient à la prison et souvent à la mort. Les premiers étaient M. Breluque, vicaire général ; son neveu, M. Drouhain, de Raincourt, aumônier de la garde royale jusqu'en 1830 ; M. Clerc, d'Arbecey, mort curé à Laitre après 1840 ; M. Bailly, curé de Vougécourt ; M. Ayotte, de Fontaine-lez-Luxeuil, devenu après le concordat curé de Sénaide et fondateur du petit séminaire de ce lieu, etc. Les fidèles étaient

---

(1) Registre des délibérations.

François François, Claude François, Jean-Baptiste Mathelat, Vauthrin, instituteur, et quelques autres dont j'ignore les noms.

Il se passa, sur la fin de juin 1799, un incident qui causa bien de l'ennui à plusieurs familles. L'abbé Hoste, de Buffignécourt, et un autre prêtre furent arrêtés à Blondefontaine, et conduits en prison à Jussey, où ils restèrent deux jours, et de là à Vesoul. Quatre à cinq habitants de Cemboing et quelques autres des villages voisins formèrent le projet de les délivrer : ils allèrent attendre les gendarmes au delà d'Augicourt, à la côte des Charmes, et tirèrent quelques coups de fusil pour les intimider. Mais les gendarmes firent bonne contenance, et mirent en fuite ces hommes, qui se cachèrent dans les bois, furent pris au bout de deux jours et incarcérés à Vesoul. On leur fit faire trois fois le tour de la guillotine, *qui était en permanence*, et on les conduisit à Besançon, où ils restèrent en prison sept mois. Ils furent enfin acquittés, grâce aux protections qu'ils trouvèrent et surtout au coup d'Etat du 18 brumaire.

CHAPITRE II.

Retour du curé. — Cimetière. — Orage. — Amodiation des communaux. — Mort de M. Reuchet. — M. Aney.

Depuis les lois votées par l'Assemblée constituante, la religion avait été persécutée par tous les gouvernements qui s'étaient succédé en France. Cet état de proscription eut un terme. Déjà Bonaparte avait révoqué les lois rendues contre les prêtres fidèles à l'Eglise, et, à la faveur de son autorité, le culte catholique pouvait être exercé sans péril. Le curé Reuchet profita de ces heureuses circonstances et se hâta de rentrer dans sa paroisse ; il y revint en 1801, dit la messe et fit ostensiblement les offices, mais dans une maison particulière, qu'on avait essayé d'approprier. Il demanda au préfet l'autorisation de les célébrer dans l'église ; les paroissiens se joignirent à lui par une pétition qui fut signée par 107 chefs de famille. Le préfet rendit un arrêté favorable, qui fut approuvé par le conseiller d'Etat chargé de la police des cultes. Le conseil municipal vota 700 francs pour les besoins les plus urgents de l'église ; les fidèles vinrent généreusement en aide. M. Reuchet, à la nomination aux cures par l'archevêque Claude Lecoz, fut maintenu à celle de Cemboing et reçut son institution le 12 février 1803. Il n'avait ni logement ni traitement ; le conseil vota 200 francs pour la location d'une maison, et 600 francs pour son traitement [1]. Il fit des démarches pour ériger Cemboing en succursale, ce qui n'eut lieu qu'en 1807.

Cependant le curé travaillait à réunir ses paroissiens dans le même esprit de foi et de charité ; il certifia véritables les actes des baptêmes faits depuis sept ans ; il réorganisa la congrégation, la conférence, la confrérie de l'Immaculée Conception et celle de sainte Barbe, et prépara au sacrement de confirmation 252 de ses paroissiens, qui le reçurent à Jus-

---

(1) Registre des délibérations.

sey le 30 septembre 1804. Cette même année il demanda un nouveau cimetière à la commune; il renouvela sa demande en 1807, et se plaignit énergiquement de ce qu'on n'avait pas fait droit à la première, menaçant, si on n'y avait pas égard, d'en référer à l'autorité supérieure, parce que le cimetière était tout à fait insuffisant et qu'il était impossible de l'agrandir. La commune acheta un terrain au sud-ouest du village; cette acquisition souffrit des difficultés, on y fit une vive opposition, enfin elle fut approuvée par ordonnance impériale. Le cimetière fut bénit en 1810; la première inhumation s'y fit le 13 novembre de la même année [1].

Il fallut des motifs bien graves pour déterminer le curé à éloigner le cimetière de l'église. Nos pères avaient eu une pensée éminemment religieuse en plaçant les cimetières autour des églises; les fidèles, en venant à l'église, priaient sur la tombe des défunts, se rappelaient les exemples édifiants et les avis de leurs parents, et avaient plus souvent présente la

---

[1] Registre des délibérations.

pensée salutaire de la mort et du jugement ; l'esprit de famille, la moralité, la religion, y gagnaient beaucoup. Dans un autre ordre, la salubrité publique en souffrait-elle plus qu'aujourd'hui ? Les épidémies étaient-elles plus fréquentes ? Au reste, pour écarter ces dangers peu probables, on aurait pu prescrire les précautions nécessaires.

En 1807, le 29 mai, un orage épouvantable fondit sur nos contrées ; il parcourut au moins trente lieues, sur une largeur de cinq à six, faisant des dégâts horribles, renversant plusieurs forêts, entre autres celle de Montigny ; il enleva le dôme du clocher de Blondefontaine, dégrada la couverture de l'église de Cemboing, et jeta à terre la pyramide de l'angle droit de la façade de l'église. Le conseil vota 300 francs pour faire les plus urgentes réparations (1).

Depuis deux ans, les habitants de Cemboing étaient en émoi par suite de la loi de février 1804, qui réintégrait les communes dans leurs biens partagés en 1794, lorsque les formalités

---

(1) Registre des délibérations.

voulues n'avaient pas été observées; c'est ce qui était arrivé à Cemboing. Aussitôt, Layer, receveur des domaines à Jussey, acquéreur d'une partie des communaux de Cemboing, se transporta dans la commune ; là, après avoir assemblé les habitants, il leur fit signer un procès-verbal du tirage au sort des lots, qu'il avait daté du 12 nivôse an IV. La supercherie était trop grossière ; aussi l'autorité n'y eut aucun égard ; au mois de juillet 1805, le préfet rendit un arrêté qui faisait rentrer la commune dans la propriété et la jouissance de ses biens partagés. Le conseil municipal crut devoir réclamer contre cet arrêté ; le maire, sur sa demande, fut entendu en conseil de préfecture le 31 mars 1806 ; il exposa les graves motifs qui, selon lui, devaient déterminer l'autorité à ne pas revenir sur ce partage, la perturbation qu'amènerait dans les fortunes la reprise de ces biens vendus et revendus, la difficulté d'établir un mode juste de les reprendre, la ruine de plusieurs familles qui en résulterait, les procès, le tumulte, les rixes, les voies de fait, etc., qui en seraient la suite. On

transmit ces motifs au ministre de l'intérieur ;
celui-ci demanda de plus amples informations
et envoya un commissaire sur les lieux ; le
conseil confirma les raisons données par le
maire, fit de nouvelles observations et conjura
le préfet de maintenir le partage des communaux. Malgré toutes ces démarches et ces réclamations, un décret impérial de l'année 1809
confirma le premier arrêté du préfet, qui, en
conséquence, imposa aux détenteurs des communaux l'obligation de verser dans la caisse
de la commune une somme de 1,044 fr. 70 c.
et ordonna l'amodiation de ces biens pour
l'année suivante [1]. Les autorités s'étant mises
en devoir de procéder à cette amodiation, elles
furent insultées par des femmes qui avaient
résolu de s'y opposer ; cinq ou six hommes se
joignirent à elles, et cette foule excitée se rua
sur les autorités, les maltraita et les força de
se sauver en abandonnant l'amodiation. Mais
force devait rester à la loi. La gendarmerie fut
appelée et s'empara des principaux perturba-

[1] Registre des délibérations.

teurs, qui furent conduits en prison, où trois d'entre eux moururent. Quelque temps après, quand les esprits furent un peu calmés, on procéda à l'amodiation, qui eut lieu paisiblement. En 1815, ces biens devaient être vendus comme ceux des autres communes; déjà le premier lot allait être adjugé à Vesoul, lorsque l'ordre vint de Paris de surseoir à la vente. C'est ainsi que Cemboing a conservé ses biens.

Pendant ces luttes, Louis Reuchet continuait d'administrer la paroisse; il jouissait de l'estime de ses confrères, qui le regardaient comme un bon théologien, et dont il était le conseil et le directeur. Il tomba malade au mois de février et mourut le 5 juillet 1814, à l'âge de soixante-quatorze ans; il fut inhumé dans le cimetière, au pied de la croix. Aney, prêtre de Jasney, vint de son chef s'installer curé de Cemboing; il y resta fort peu de temps et ne réussit pas à se faire estimer, à cause du peu de gravité de ses paroles, de sa trop grande simplicité et de son désir trop vif, toujours manifesté et toujours frustré, d'obtenir une cure. Il fit deux sépultures ; à la dernière, en revenant du cimetière, il fut insulté par deux femmes qui le poursuivirent à coups de pierre. Il se décida à quitter Cemboing. Plus tard, ces deux femmes devinrent perclues de leurs bras; ce qui fut regardé comme une punition du Ciel.

CHAPITRE III.

*Incendie. — Année de la misère. — M. Martin.
M. Bergier. — M. Jacquel.*

Un grand incendie se déclara à Cemboing, le 7 septembre 1814, vers midi ; animé et propagé par un vent violent, il fit de rapides progrès et des ravages terribles ; en moins de trois heures, il dévora soixante-quinze maisons, qui étaient en flammes toutes à la fois. Les habitants, occupés à leurs travaux dans la campagne, revinrent à la hâte, mais la plupart trouvèrent leurs logements et leur mobilier embrasés ; le foyer était si ardent qu'on ne pouvait traverser les rues, et que les billes de bois qui y étaient déposées brûlèrent ; la flamme était poussée par un vent si violent que le feu prit trois fois au moulin des Prés, à un kilomètre de Cemboing. On ne put rien sauver : les maisons brûlées, formant la partie haute du village, depuis l'église, étaient occupées par 93 ménages, dont 32 de cultivateurs. Trois cent quatre individus se trouvèrent en un instant sans asile, sans subsistance, sans autres vêtements que ceux qu'ils portaient (1). Les secours vinrent en abondance, mais à la longue. Le maire écrivit à tous ses confrères des cantons de Jussey, Bourbonne, Vauvillers, Amance, Port-sur-Saône, Combeaufontaine et Vitrey, les priant de faire des quêtes dans leurs communes respectives. Tous se rendirent à cette prière, et répondirent en envoyant leurs quêtes ou en autorisant à en toucher le montant. Leurs réponses sont conservées dans les archives de la commune, comme un monument de leur zèle et de leur charité. Le préfet envoya de suite les biscuits et les effets qui se trouvaient dans les magasins de Vesoul, et qui étaient destinés aux troupes des alliés. Le gouvernement donna 25,000 fr.; la commune partagea entre les incendiés la haute futaie de la coupe affouagère, et vendit à leur profit le taillis (2).

(1) Registre des baptêmes.
(2) Registre des délibérations.

Malgré tous ces secours, les incendiés se ressentirent longtemps de ce sinistre, auquel vinrent se joindre les contributions et réquisitions en denrées de toute nature à fournir aux troupes alliées et françaises. Dans le mois de juillet 1815, 28,000 Allemands passèrent dans nos pays, et durent être nourris par les particuliers. Néanmoins, les habitants de Cemboing se montrèrent généreux envers l'Etat; il leur était dû 6,021 fr. 17 c. pour les contributions de guerre qu'ils avaient fournies. Le maire et le conseil, en leur nom et d'après leurs vœux, firent au roi Louis XVIII l'offre de cette somme, pour diminuer les charges énormes de l'Etat, et prièrent le préfet de faire agréer ce don à Sa Majesté. Le roi l'accepta et chargea le préfet de leur en témoigner sa reconnaissance; ce magistrat s'en acquitta le 7 août 1816 [1].

---

[1] Voici la lettre que le préfet écrivit au maire à cette occasion : « Le roi, Monsieur le maire, a accepté avec intérêt » l'offre que le conseil municipal et vous, avez faite, au nom » des habitants, d'abandonner une somme de 6,021 fr. 17 c., » formant le montant de leurs réquisitions de guerre en 1815. » Sa Majesté considère cette offre comme une preuve du bon

Pendant les trois derniers mois de 1815 et toute l'année suivante, il y eut des pluies continuelles ; la prairie fut inondée à dix-sept reprises différentes, on ne put y passer une seule fois depuis le 7 octobre 1815 jusqu'au mois d'avril 1817. Toutes les récoltes furent très chétives et de mauvaise qualité ; les raisins ne mûrirent pas ; cependant on les recueillit au mois de novembre. On les mettait dans des sacs qu'on apportait sur le dos ou qu'on amenait dans des voitures, entassés l'un sur l'autre comme des sacs de pommes de terre ; on fut obligé de les hacher, de les écraser pour en faire du vin, qui fut détestable. Les denrées se vendirent un prix excessif. Au mois de mars 1817, le blé se vendait 18 fr. les deux doubles-décalitres, et 36 fr. au mois de juin, l'avoine 7 fr. et 15 fr., les pommes de terre 9 fr. et 16 fr., et le beurre 2 fr. 50 c. le kilog., le vin de 110 à

» esprit qui anime vos administrés. Son Excellence le mi-
» nistre de l'intérieur me charge de vous témoigner la satis-
» faction de Sa Majesté ; je vous prie de leur faire part à tous
» du contenu de cette lettre. » (Archives de la commune.)

120 fr. l'hectolitre (¹). La famine fut affreuse ; on se nourrissait d'herbes, de racines. Le défaut de nourriture et une nourriture viciée engendrèrent des maladies qui enlevèrent un grand nombre de personnes ; à Cemboing, le nombre des morts doubla. Cependant, dès le mois de mai, la commune était venue au secours des habitants; le conseil municipal, voyant *quatre cents d'entre eux sans aucune ressource pour subsister,* avait voté 2,000 fr. pour les secourir. On acheta des denrées qu'on leur distribuait une fois par semaine (²). Heureusement le printemps fut magnifique, il y eut du foin en abondance, qui fut récolté par une grande chaleur ; le prix du beurre diminua ; la moisson fut avancée et abondante, le blé baissa de prix, et, la baisse continuant, la misère cessa. Cette année 1817 en a retenu le nom ; partout on l'appela l'année de la misère (³).

La paroisse était alors administrée par Jac-

---

(1) Registre des baptêmes.
(2) Registre des délibérations.
(3) Registre des baptêmes.

ques Cordienne, curé de Saint-Marcel ; la commune n'avait encore point de cure ; elle racheta des héritiers Bony l'ancien presbytère, *que leur père avait acquis pendant la révolution pour le remettre à la paroisse quand elle le voudrait* (1), et le fit restaurer convenablement. Le 2 décembre, Nicolas Martin fut nommé par l'ordinaire curé à Comboing. Il n'y avait à la sacristie presque point de linge et d'ornements ; après avoir demandé au curé le prix approximatif des objets les plus nécessaires, le conseil vota de suite 900 fr. Le curé lui exposa sa pauvreté, l'impossibilité où il était de meubler la cure, et lui demanda un secours ; le conseil accorda 300 fr. pour lui donner une *preuve de son attachement et en reconnaissance des services qu'il allait rendre à la paroisse*, et chargea le maire d'acheter les meubles les plus nécessaires pour la cure, où ils devaient rester (2). Ce curé, prêtre constitutionnel, avait à son service deux filles qui, à son insu sans doute, occasion-

---

(1) Registre des délibérations.
(2) Idem.

naient du scandale dans la paroisse ; il fut interdit par M. Tharin, vicaire général, au mois de septembre 1820 ; son interdit lui fut signifié par M. Pirot, diacre de Saint-Marcel. L'administration de la paroisse fut confiée à M. Bergier, vicaire à Jussey, qui fut nommé curé de Cemboing le 19 janvier 1822.

Trois mois après mourut J.-B. Mathelat, depuis vingt-neuf ans maire de la commune, qu'il administra, lit-on dans l'acte de sa sépulture, *d'une manière pacifique et intègre. Son convoi a été le témoignage non équivoque de l'affection que lui portaient les habitants, et en particulier les pauvres, dont il a été le père.*

En 1824, Joseph Vautherin, originaire d'Aisey, instituteur à Cemboing depuis 1782, donna sa démission ; il montra beaucoup de dévouement pendant l'épidémie de 1786, et d'attachement à la religion pendant la révolution ; il avait la confiance de tous les habitants et passait pour le meilleur et le plus instruit des instituteurs de son temps ; le conseil municipal loua plusieurs fois *sa moralité, ses talents, sa bonne conduite et ses soins pour les enfants* (1) ; il mourut sur la fin de 1833.

La démission du maire, Simon Henry, suivit de près celle de l'instituteur. Le préfet nomma pour le remplacer, Louis-Auguste Bouvenot, dont le père avait été avocat au parlement de Besançon et prévôt de Villars, et qui avait rendu de grands services aux habitants de Cemboing en exerçant pour eux gratuitement la médecine. Dès qu'il fut entré en fonctions, il s'occupa de la police, qui n'existait plus dans la commune, et la fit souvent lui-même. Les rues du village et les chemins vicinaux étaient en très mauvais état ; il les fit réparer, élargir, redresser et niveler ; il dirigeait lui-même les travaux, et ne quittait pas les ateliers d'ouvriers qu'il avait formés. Bientôt les rues et les chemins firent l'admiration du voisinage ; on en vantait la beauté dans un temps où les autres communes ne s'en occupaient pas. Aussi le préfet fit l'éloge du maire de Cemboing, et cet éloge fut inséré dans le journal du département. Ce maire mourut le 1er mai 1828, à l'âge de 52 ans.

(1) Registre des délibérations.

M. Bergier avait gagné la confiance et l'affection de tous ses paroissiens par sa bonté, par son zèle, par ses aumônes inépuisables et par sa sainteté. Il leur fut enlevé et transféré à la cure de Lure dans les premiers jours du mois d'août 1826. Il fut vivement regretté, et pleuré amèrement. Dix ans après, il fut élevé à la dignité de vicaire général du diocèse, poste éminent qu'il occupe encore aujourd'hui (1866). Le 5 du mois d'août 1826, je fus nommé curé de Cemboing par M⁹ʳ de Villefrancon, archevêque de Besançon ; je pris possession de la cure six jours après, et je fus installé le 13 du même mois 1826, par M. Ignace Pergaud, curé de Jussey.

NOTICE

SUR LA

CONFRÉRIE DE L'IMMACULÉE CONCEPTION.

NOTICE

SUR LA

CONFRÉRIE DE L'IMMACULÉE CONCEPTION.

En publiant le résultat de mes recherches sur l'établissement de la confrérie de l'Immaculée Conception, sur ses causes et ses heureuses suites, je n'ai eu d'autre but que de compléter la Notice historique que j'ai rédigée sur Cemboing, de fournir une nouvelle preuve de la protection de la sainte Vierge, invoquée sous le titre d'Immaculée, et de donner un nouvel élan à cette confrérie établie dans la paroisse. Ce but serait atteint, si je pouvais amener les personnes qui en font partie à remplir avec exactitude les devoirs prescrits par les statuts, et celles qui ne lui appartiennent pas encore, à se faire recevoir dans une confrérie que la paroisse doit tenir à honneur de conserver et de rendre florissante.

La confrérie de l'Immaculée Conception fut établie au commencement du XVII° siècle dans le nord de la Franche-Comté, qui forme aujourd'hui les cantons de Vauvillers, d'Amance, de Jussey et de Vitrey. Cet établissement, qui eut lieu à la même époque dans toutes les paroisses de ces cantons et dans plusieurs de ceux de Bourbonne, de Laferté, de Combeaufontaine et de Port-sur-Saône, est un fait bien frappant et digne d'attention. Il a dû avoir une cause commune et majeure, puisqu'il n'y a point d'effet sans cause et que la cause doit avoir une proportion naturelle avec son effet. On a perdu de vue et oublié cette cause ; les fléaux qui tombèrent sur notre province quelques années après, et qui firent suspendre le cours de la confrérie pendant plus d'un demi-siècle, y ont beaucoup contribué ; depuis fort longtemps elle est complétement inconnue. Les consultations et les recherches nombreuses que j'ai faites m'ont prouvé évidemment que les curés et les fidèles de ces temps, fortement menacés du protestantisme et craignant de le voir déborder sur nos pays, comme il l'avait fait dans le voisinage, eurent recours à la Mère de Dieu, et établirent la confrérie en l'honneur de son Immaculée Conception, pour obtenir la grâce d'être préservés de cette désastreuse hérésie.

La prétendue réforme, déjà avant le milieu du XVIe siècle, faisait des efforts inouïs pour pénétrer dans la Franche-Comté et particulièrement dans le nord de cette province. Elle avait trouvé des partisans à Luxeuil, à Conflans, à Amance, à Montureux-sur-Saône, à Jonvelle, etc. (1). La maison de Vienne, qui tenait Amance et Vauvillers en partie, favorisait beaucoup les idées nouvelles, envoyait des émissaires, des prédicants dans les environs, et cherchait à introduire des maîtres d'école religionnaires dans les centres principaux (2). On faisait le prêche sur les frontières de la Lorraine et de la Champagne, en particulier à Pas-

---

(1) GOLLUT.
(2) Archives de Vesoul.

savant, à Martinvelle, à Godoncourt, à Pressigny [1]. Dans la plupart des bourgs avaient lieu des rassemblements clandestins, où l'on chantait les psaumes de Clément Marot. Les terres de Vauvillers et de Jussey étaient spécialement menacées [2].

Les partisans de la réforme invitaient leurs coreligionnaires à venir à leur secours. Des reîtres calvinistes venus d'outre-Rhin, en 1566 et les deux années suivantes, Wolfgang, duc de Bavière et des Deux-Ponts, en 1569 et 1570, Louis de Beauvau, dit Tremblecourt, en 1599, ravagèrent nos pays [3]. Les rançons, les pillages, les incendies, les meurtres, les profanations, auxquels se livraient leurs armées, étaient des maux moindres encore que la propagande active faite par les soldats protestants dont elles étaient composées, soutenus par les sectaires bourguignons. Leur présence favorisait la fréquentation des prêches ; ils y

[1] Recueil des ordonn. du parlement.
[2] Archives de Vesoul.
[3] Guerres du XVIe siècle et Mémoires historiques.

conduisaient de force les pauvres paysans et les contraignaient d'entendre les blasphèmes que proféraient les prédicants qu'ils avaient amenés avec eux, et qui prêchaient ouvertement l'abolition du jeûne, des vœux, de la confession, de l'abstinence, et la liberté pour les prêtres et les religieux de se marier, pour les princes, les rois, de prendre les biens des églises, des couvents, et pour tout le monde de se livrer au libertinage, aussi naturel, selon eux, que le boire et le manger. Sans être couronnées de succès, ces prédications ne laissaient pas que de faire beaucoup de mal; les hérétiques se flattaient hautement d'être bientôt les maîtres. La religion catholique et la tranquillité publique couraient de grands dangers.

L'autorité civile avait pris des mesures énergiques pour réprimer les efforts du protestantisme. Sa Majesté Catholique le roi d'Espagne défendit, sous des peines sévères, d'assister aux prêches; la cour souveraine de Dole avait fait publier ces défenses et avait ordonné plusieurs fois de dénoncer, dans l'espace de deux jours, aux procureurs fiscaux les contrevenants, d'informer sur les sentiments religieux des étrangers nouvellement reçus dans la province, et de renvoyer les serviteurs suspects de luthéranisme. Les précautions allèrent si loin, qu'on défendit d'introduire des marchandises enveloppées de papiers qui pouvaient provenir des livres hérétiques (1). Les seigneurs firent publier ces ordonnances et ces défenses dans les lieux de leur ressort, et veillèrent à leur exécution. Dans l'assemblée de la confrérie de Saint-Georges, qu'ils tinrent à Rougemont en 1569, ils prêtèrent serment *de vivre et de mourir dans l'ancienne religion catholique, apostolique et romaine*, et décidèrent que personne ne serait reçu dans cette confrérie sans avoir prêté le même serment (2). Les seigneurs de Cemboing reçus dans cette confrérie, en particulier Jean de Marmier en 1572, et plus tard Généreux de Cultz et son fils, Jérôme-Balthasar, prêtèrent ce serment (3).

(1) Recueil des ordonn. du Comté, *passim.*
(2) GOLLUT.
(3) *Idem.*

L'archiduc Albert et Isabelle, son épouse, à qui Philippe II, roi d'Espagne, avait donné en toute propriété la Franche-Comté, effrayés des efforts toujours croissants du protestantisme, le surveillèrent avec la plus grande sollicitude. En 1604, ils firent prier Ferdinand de Rye, archevêque de Besançon, de redoubler de vigilance et de visiter les paroisses de son diocèse, qui en avaient un si grand besoin dans les dangers pressants où l'on se trouvait. Mais il n'était pas nécessaire d'exciter le zèle de ce saint archevêque ni celui de son clergé (1).

Le clergé se montra à la hauteur des circonstances et fit face au danger. Il seconda de tout son pouvoir, dans la mesure de ses attributions, les efforts de l'autorité civile. L'archevêque défendit à ses prêtres d'admettre aux sacrements les paroissiens qui, après une longue absence, ne rapporteraient pas de bonnes lettres testimoniales, dans la crainte qu'ils ne fussent imbus des erreurs du luthéranisme; il leur ordonna de rappeler aux pa-

(1) Correspondance du parlement, 8 mai 1604.

rents le devoir de veiller sur leurs enfants, de ne pas les laisser fréquenter les villes et les maisons des hérétiques et de les envoyer exactement à l'école. Les prêtres suivirent ponctuellement ces avis, et mirent un grand zèle à prémunir les fidèles contre le protestantisme, en leur en montrant la nouveauté et par conséquent la fausseté, et à les affermir dans la religion catholique, en leur en prouvant clairement la vérité, la divinité, la nécessité et les avantages. Cependant, malgré ce zèle, cette vigilance et les rigueurs employées contre elle, la réforme faisait des progrès : elle abolissait tout ce qu'il y a de pénible dans la religion catholique, elle favorisait les passions et était soutenue par des partisans actifs.

Les curés du nord de notre province, alarmés et désolés des progrès de l'hérésie, se réunirent plusieurs fois dans différents endroits, pour aviser aux moyens et mettre de l'ensemble dans les mesures à prendre contre les tentatives fanatiques du protestantisme. Le résultat de leurs conférences fut l'intime conviction de la nécessité du secours de Dieu, mais d'un secours extraordinaire, et la résolution de le demander par l'intercession de la sainte Vierge, cette femme puissante annoncée sur le seuil du paradis terrestre comme devant écraser la tête du serpent et détruire l'empire du démon, qui s'étend surtout par l'hérésie et par les doctrines de mensonge. Pour en obtenir plus sûrement un secours, ils décidèrent qu'ils mettraient toutes leurs paroisses en communion des mêmes prières et des mêmes honneurs adressés à la sainte Vierge; qu'à cette fin ils y établiraient une confrérie en l'honneur de son Immaculée Conception, et que ceux dans les paroisses desquels cette confrérie existait déjà, s'efforceraient de lui donner un nouvel élan (1).

(1) La confrérie de la *Conception* existait à Faverney en 1393, et fut enrichie d'indulgences par le pape en 1396. A Baulay, *elle fut réconformée en 1509, existante depuis longtemps*, dit le registre. Ces deux confréries portaient le titre de *Confrérie de la Conception*; la plupart des confréries établies de 1604 à 1606 contre l'invasion du protestantisme portaient le même titre; mais ce titre, dans l'esprit des fidèles et des prêtres, avait le même sens que celui de *Confrérie de l'Immaculée Conception*; ils savaient que l'Eglise, tou-

Les curés aussitôt exposèrent à leurs paroissiens les graves motifs qui les avaient décidés à établir dans leurs paroisses la confrérie de l'Imaculée Conception, et leur firent comprendre que ces mêmes motifs devaient les déterminer tous à s'y faire recevoir, à en remplir exactement les devoirs et à prier avec ferveur et avec persévérance. Les fidèles s'empressèrent de répondre à l'appel de leurs pasteurs, et de se faire admettre dans la confrérie. C'est ainsi que cette confrérie fut établie dans nos pays ; telle est aussi la cause pour laquelle elle y fut établie à la même époque. Je ne puis préciser l'année où se fit cette institution ; mais ce fut certainement de 1604 à 1606. On trouve dans les premiers registres, très rares, de la confrérie une date postérieure de plusieurs années, d'un siècle et même d'un siècle et demi dans d'autres registres plus récents ; c'est la date de l'approbation ou du renouvellement des

---

jours dirigée par le Saint-Esprit, ne fait et ne peut faire la fête que d'une chose sainte, qu'elle approuvait et faisait la fête de la Conception de Marie, Mère de Dieu et Vierge.

statuts, ou de l'érection canonique, et non celle de l'institution primitive faite par les curés (1).

Ce fut Claude Cassin, curé de Cemboing, qui eut la gloire d'y établir la confrérie de l'Immaculée Conception ; il s'empressa de la régulariser ; il dressa des statuts de concert avec les confrères, et les fit approuver par Ferdinand de Rye, archevêque de Besançon. Le registre qui renfermait la date et peut-être le motif déterminant de l'institution et l'approba-

(1) En tête du registre de la confrérie de Blondefontaine, on lit qu'elle a été érigée en 1747, et dans ce registre la liste des confrères commence en 1740 et la reddition des comptes en 1734. Dans le registre de Cemboing il est dit que la confrérie a été érigée en 1772, et le curé de ce temps atteste sur le même registre qu'elle a été érigée et enrichie d'indulgences par le pape en 1610, et la liste des confrères commence en 1736. Il y a évidemment erreur ou faute de rédaction. On a voulu dire que les statuts de la confrérie de l'Immaculée Conception, érigée à Blondefontaine et à Cemboing, ont été renouvelés et approuvés par les curés en 1747 pour le premier endroit, et en 1772 pour le second. Cette erreur et cette inexactitude de rédaction se trouvent dans les registres de bien d'autres paroisses et doivent être rectifiées de la même manière.

tion diocésaine, a disparu avec les archives publiques, lorsque Cemboing fut mis à feu et à sang en 1635 et en 1641. Le pape Paul V érigea canoniquement la confrérie de Cemboing en 1610, et l'enrichit d'indulgences. La bulle de ce pape se trouvait encore dans les papiers de la cure en 1772; elle a disparu en 1793 (1).

Aussitôt que la confrérie fut établie, les associés en remplirent les devoirs, et se distinguèrent par leurs prières et leur dévotion envers Marie. Leur exemple produisit une salutaire influence sur ceux qui n'en faisaient

---

(1) Comme ces indulgences sont accordées à perpétuité et par conséquent peuvent être gagnées par les confrères tant que la confrérie existera à Cemboing, je vais les indiquer ici : Indulgence plénière 1° le jour de la réception; 2° à l'article de la mort; 3° le jour de la fête de l'Annonciation. Indulgence de sept ans et de sept quarantaines aux fêtes de la Conception, de la Nativité, de la Purification, de l'Assomption de la sainte Vierge. Indulgence de soixante jours pour l'assistance aux offices de la paroisse, aux congrégations publiques ou particulières, en accompagnant le viatique porté aux malades, ou, si on ne le peut pas, en récitant à genoux un *Pater* et un *Ave* pour le malade, dès qu'on entend la clochette, etc.

pas partie ; ils prièrent et honorèrent la sainte Vierge avec plus de ferveur, comme les confrères, dans les dangers que la religion courait. On érigea la sainte Madone sur les grands chemins et au frontispice des maisons. De tous nos pays s'élevait donc un concert unanime d'honneurs rendus hautement au plus beau titre de Marie, celui d'Immaculée dès le premier instant de sa conception, que les protestants voulaient lui ravir en niant le péché originel ; un concert unanime de prières ferventes adressées à cette tendre Mère pour obtenir par son intercession le secours puissant qu'on demandait à Dieu contre cette hérésie.

La Mère de Dieu, si bonne et si puissante, ne put résister à ce concert de louanges et de prières, elle prit en mains la cause de l'Eglise dans nos pays, et bientôt le zèle des partisans du protestantisme s'éteignit, et leurs prêches cessèrent ; l'hérésie fut surtout confondue de la manière la plus éclatante par le miracle de Faverney, arrivé le 26 mai 1608, dont l'authenticité, établie par Ferdinand de Rye, a été solennellement consacrée par Pie IX le 8 décembre 1862. Les témoins et les contemporains de ce miracle l'ont attribué à la sainte Vierge et y ont vu la récompense des prières et des honneurs qui lui étaient adressés par les membres de la confrérie de son Immaculée Conception. Si Faverney a été le théâtre privilégié de la protection miraculeuse de la Mère de Dieu, c'est qu'il était le chef-lieu du doyenné qui renfermait les paroisses où, depuis quatre à cinq ans, la confrérie de l'Immaculée Conception venait d'être établie, et que dans l'église abbatiale de ce lieu il y avait une statue de la Vierge, honorée sous le vocable de l'Immaculée Conception (1), et dont le pouvoir était si grand, qu'on avait ouvert un registre pour y inscrire les effets merveilleux de ses bontés maternelles. Cette Vierge était devenue plus chère et était invoquée avec plus de confiance, depuis qu'un soldat protestant, en 1595, l'ayant mutilée, fut pris aussitôt d'une rage surnaturelle et mourut dans d'inexprimables douleurs.

(1) Cette statue existe encore dans la même église, devenue église paroissiale.

Le miracle de la sainte hostie, en confirmant la présence réelle de Jésus-Christ dans l'eucharistie, la vérité du sacrifice de la messe, le culte des saints, les indulgences, la confession, l'autorité du pape, sapa par sa base le protestantisme et l'anéantit dans nos pays. Il donna aussi une impulsion plus vive et un élan plus grand à la confrérie. Les curés eurent soin de faire remarquer qu'on devait ce miracle et ses heureuses suites aux prières des confrères, et ceux d'entre eux qui n'avaient pu encore régulariser cette confrérie dans leurs paroisses, en assemblèrent les membres, firent des statuts, et en demandèrent l'approbation à l'autorité diocésaine (1). Ils envoyèrent des suppliques au souverain pontife pour obtenir l'érection canonique et des indulgences. On n'admit dans la confrérie que ceux qui n'étaient pas exclus par les statuts, et qui promirent de les observer. Le premier

---

(1) A Rosières-sur-Mance, les statuts furent approuvés en 1616 ; l'approbation, munie du sceau de l'ordinaire, existe dans les archives de la fabrique de ce lieu.

statut portait qu'on n'y recevrait que des personnes de *bonnes vie et mœurs et connues pour telles.*

Cette confrérie ne comptait que des membres d'une probité, d'une moralité et d'une religion exemplaires. Leurs prières et leurs louanges ne pouvaient être qu'agréables à Marie et efficaces. Aussi cette Vierge maintint et acheva l'œuvre qu'elle avait miraculeusement commencée en faveur de nos pays; elle les affermit dans la religion catholique. Les efforts de l'hérésie cessèrent; l'histoire n'en mentionne plus; s'il y eut encore quelques tentatives, elles furent isolées et secrètes; nos pays furent préservés du protestantisme. Tels furent les heureux résultats de la confrérie de l'Immaculée Conception; tel était le but qu'on s'était proposé en l'établissant; ce but fut complétement atteint.

La confrérie subit un temps d'arrêt, occasionné par les calamités qui tombèrent sur la Franche-Comté dès 1628, et ne cessèrent que plus de quarante ans après. La province fut ravagée par la peste, par la famine et surtout par les guerres qui durèrent dix ans, et qui recommencèrent deux fois, quelques années après, et ne finirent que par la réunion de notre province à la France, en 1674. Nos pays furent dévastés, dépeuplés, les églises pillées, profanées ; plusieurs tombèrent en ruines ; la plupart des paroisses de la campagne perdirent leurs pasteurs ; quelques-unes en furent privées pendant dix, quinze, vingt années. Les archives publiques périrent dans beaucoup de localités ; celles qui furent conservées ont été perdues en grande partie pendant la révolution française. C'est ce qui explique l'absence des documents qui attestaient tout à la fois la cause, le but et la date de l'établissement de la confrérie. Dès que ces malheurs cessèrent, les curés s'occupèrent à restaurer leurs églises et à réparer les suites, bien funestes pour la religion, que ces calamités avaient entraînées. Puis ils firent revivre la confrérie, les uns plus tôt, les autres plus tard, selon l'opportunité des circonstances.

Je ne puis donner exactement l'époque où la confrérie, après ces désastres, reprit son cours à Cemboing. Ce fut au plus tard vers l'an 1678, pendant que Jacques Courtot était curé. Son successeur, en 1707, Desle Friquet, la trouva remise en honneur. Cependant il assembla les confrères afin d'examiner avec eux ce qu'il y avait à faire *pour la conservation et le bon ordre de la confrérie.* C'est dans ce but qu'ils firent des statuts qui ont été *renouvelés* en 1772, dans une assemblée de tous les confrères. Ces statuts furent transcrits sur le registre actuel de la confrérie, le seul qui ait été conservé ; les associés promirent de les observer et les signèrent au nombre de vingt-quatre *qui avaient l'usage des lettres ;* le curé, Eugène Berthod, les approuva ; et on inscrivit sur ce registre le nom des confrères existants, selon l'ordre de leur admission dans la confrérie.

Ces statuts sont encore en vigueur aujourd'hui ; cependant ils ont subi quelques modifications que j'indique dans les notes ci-dessous. Ils portent en substance : 1° qu'on n'admettra dans la confrérie que des personnes *de bonnes mœurs et réputation, reconnues pour telles dans l'endroit* (1) ; 2° que la fête sera célébrée tous les ans le 8 décembre, et que les confrères communieront ce jour-là, à moins d'empêchement ; 3° que, lorsque l'un d'eux aura reçu le viatique, il sera veillé à tour de rôle par les confrères ; que ceux-ci, après sa mort, l'accompagneront à sa dernière demeure avec un cierge allumé à la main, prieront et feront prier pour lui (2) ; 4° que les confrères feront *arranger à l'amiable,* sans pouvoir plaider, les *différends* qu'ils auront entre eux ; 5° qu'ils escorteront, un cierge à la main, l'image de la confrérie lorsqu'on la portera chez le bâtonnier (3), et que celui-ci donnera à M. le curé

---

(1) Il fallait être bien *pur* pour être reçu autrefois dans la confrérie, dit-on encore actuellement à Cemboing. Si on est moins sévère aujourd'hui, on y regarde cependant de près lorsqu'il s'agit d'y recevoir quelqu'un.

(2) Tous les confrères doivent donner annuellement, le jour de la fête, dix centimes, et de plus vingt centimes par chaque confrère défunt dans l'année, pour rétribuer les offices de la fête et faire célébrer des grand'messes pendant le cours de l'année pour ces défunts.

(3) Lorsqu'il plane seulement quelques soupçons sur la moralité ou la probité du confrère qui doit recevoir l'image

et aux confrères un repas, pendant lequel on parlera des affaires de la confrérie et on tâchera de porter remède aux choses qui en auront besoin(1) ; 6° que le confrère qui sera allé

de la confrérie, les prud'hommes s'assemblent et délibèrent. Un homme avait été soupçonné de n'avoir pas payé deux quartes de blé qu'il avait achetées. Lorsque, bien des années après, il dut recevoir l'image, les soupçons se réveillèrent ; les prud'hommes vinrent m'en prévenir, et on manda l'individu à la cure ; il se justifia pleinement, et on lui laissa recevoir l'image.

(1) Ce repas, sous la présidence du curé, était comme un chapitre chez les religieux : chaque confrère pouvait y accuser tout confrère, et si la faute était avérée, on réprimandait le coupable, et quelquefois on lui infligeait une pénitence. On cite un individu qui, pendant le repas, fut mis à genoux au bout de la table, et à qui on servit simplement deux œufs, pour avoir fait gras un samedi. On agit de même à l'égard d'un autre, qui avait pris des javelles dans un champ. Ce repas n'existe plus ; cependant chaque bâtonnier en donne un aux personnes qu'il a demandées pour porter les insignes de la confrérie, puis à ceux de ses parents, amis, voisins, qu'il invite, qu'ils soient ou non de la confrérie. C'est pour lui un jour de grande fête. L'usage de réprimander les confrères qui ont manqué à leurs devoirs n'a plus lieu. Mais comme les prud'hommes se réunissent tous les ans au presbytère pour la reddition des comptes, on examine s'il y a quelque chose qui puisse nuire au bien de la confrérie, et on avise aux moyens d'y remédier.

à l'auberge sans raison légitime sera amendable de 60 centimes pour la première fois, de 1 fr. 20 centimes pour la seconde, et que pour la troisième il sera rayé de la confrérie ; 7° que si un confrère est reconnu avoir fait *tort*, à Cemboing ou ailleurs, il donnera 6 francs pour la première fois, 12 pour la seconde, et à la troisième il sera rayé de la confrérie (1).

La confrérie avait été remise en honneur depuis près d'un siècle et était devenue florissante, lorsqu'elle fut encore une fois interrompue pendant la tourmente révolutionnaire. A Cemboing, l'image de la confrérie fut confiée pendant ce temps au receveur, Claude-François Brandin, qui la conserva religieusement et la rendit en 1801, lorsque le curé, Louis Reuchet, rentra dans sa paroisse. La confrérie reprit son cours en 1802 ; huit personnes y furent reçues, et trente l'année suivante. Elle est encore en honneur à Cemboing et compte soixante-dix membres (1866). On tient à en faire partie pour participer aux fruits de la

---

(1) Ces amendes ne sont plus en vigueur aujourd'hui.

messe et des offices de la fête, pour avoir des prières après la mort, et surtout pour posséder chez soi, pendant un an, l'image de la confrérie. On regarde avec raison cette image, donnée au nom de l'Eglise, comme une source de bénédictions pour la famille, et le jour où on la reçoit comme un jour de bonheur. On désire vivement voir arriver ce jour ; on ne voudrait pas mourir auparavant. Comme il fallait attendre plus de vingt ans après son admission dans la confrérie avant de jouir de ce précieux avantage, et que beaucoup de confrères en étaient privés, on décida, en 1824, qu'on restaurerait l'ancienne image, qu'on en ferait une neuve, et que ces deux images seraient données chaque année à deux membres, selon leur tour d'inscription sur le registre, afin de procurer ce bonheur à un plus grand nombre.

C'est le jour de la fête, 8 décembre, qu'on donne ces images à ceux qui doivent les recevoir. Pendant les vêpres, lorsqu'on chante le *Magnificat*, ils viennent au pied de l'autel et se mettent à genoux. Le curé, revêtu de la chape, les leur remet solennellement ; aussitôt le carillon se fait entendre, et on se met en procession, pour les porter dans les maisons respectives de ces deux confrères. Ces images sont escortées par tous les confrères, qui ont un cierge à la main, et par une foule de jeunes filles, dont les fronts sont ceints de couronnes et dont les plus grandes portent les images de sainte Barbe et de sainte Catherine et les insignes de la conférence, et les petites des rubans et des fleurs. La procession fait une halte devant chacune des maisons des bâtonniers ; le célébrant donne la bénédiction avec une de ces images ; puis la procession retourne à l'église au chant du *Te Deum.*

On dépose ces images, chacune dans une châsse fermée par une porte vitrée et placée dans l'endroit le plus honorable de la maison ; les membres de la famille vont faire leurs prières au pied de ces images et doivent tenir auprès une lampe ardente la nuit de chaque samedi, la journée du dimanche et les fêtes de la sainte Vierge. Aux grandes fêtes de l'année, on apporte ces images à l'église, et on allume un cierge de chaque côté pendant les offices.

On les porte aux processions qui se font à ces fêtes, aux Rogations et à la Fête-Dieu. Autrefois, d'après les statuts, elles ne pouvaient être portées que par les filles des confrères ; mais aujourd'hui on les laisse porter par toute fille qui est de la conférence.

La veille de la fête, on va chercher processionnellement ces images, pour les remettre le lendemain, avec les mêmes cérémonies, à ceux qui doivent les recevoir. La fête se célèbre sous le rite de première classe ; il y a premières vêpres, messe solennelle et secondes vêpres. Le lendemain, on fait un service funèbre pour les défunts de la confrérie ; il est précédé des Laudes et suivi du *Libera* et de l'absoute ; les confrères doivent y assister, un cierge à la main ; ils s'approchent presque tous des sacrements le jour de la fête ou pendant l'octave.

TABLE DES MATIÈRES.

                                      Pages.

PRÉFACE 5
INTRODUCTION. — Cemboing. — Ses noms et leur étymologie. — Ses antiquités. — Son église. — Statue de la Vierge. — Établissement de religieuses. — Instruction primaire. — La maison commune. — Statistique 13

PREMIÈRE PARTIE.

TEMPS FÉODAUX.

CHAPITRE Ier. — Ancienneté de Cemboing. — Chartes de Charlemagne, d'Otton-Guillaume, de Henri III, de Hugues Ier, de Guillaume d'Arguel. — Procès. — Abbaye de Saint-Bénigne de Dijon. — Ses droits sur Cemboing 33

CHAPITRE II. — Seigneurie de Cemboing. — Gauthier. — Chambellan. — Jehan. — Richard. — Raincourt 43

CHAPITRE III. — Patrons de l'église de Cemboing et leurs droits. — Curés et leurs droits. — Guy. — Chemadeu. — Vauflet. — Pierre 56

DEUXIÈME PARTIE.

AFFRANCHISSEMENT DE LA COMMUNE.

CHAPITRE Ier. — Affranchissement de Cemboing. — Droits des seigneurs. — Constitution de la com-

mune. — Service militaire. — Usages religieux 62
Chapitre II. — Curés. — Seigneurs. — Guerres. — Confrérie de l'Immaculée Conception. — Vente de la seigneurie. — Procès 71
Chapitre III. — Guerre de dix ans. — Episode. — Seigneurs. — Curés. — Concours 78
Chapitre IV. — Charles Henry. — Son caractère. — De Bologne. — Passion. — Athalin . . . 89
Chapitre V. — Berthod. — Confréries. — Désordres. — Eglise. — Mairet. — Reuchet. — Nouvelle municipalité. — Son esprit. — Constitution civile du clergé 98

TROISIÈME PARTIE.

ÉMANCIPATION DE LA COMMUNE.

Chapitre Ier. — Intrus. — Nouvelle municipalité. — Ses actes. — Interdiction du culte. — Incidents. — Detroye 111
Chapitre II. — Retour du curé. — Cimetière. — Orage. — Amodiation des communaux. — Mort de M. Reuchet. — M. Aney 122
Chapitre III. — Incendie. — Année de la misère. — M. Martin. — M. Bergier. — M. Jacquel . . 130

Notice sur la confrérie de l'Immaculée Conception 139

BESANÇON, IMPRIMERIE DE J. JACQUIN.

www.ingramcontent.com/pod-product-compliance
Lightning Source LLC
Chambersburg PA
CBHW052055090426
42739CB00010B/2191